동양사상 수양론 道

마음

비우기 · 채우기 · 기르기

동양사상 수양론 道

마음

비우기 · 채우기 · 기르기

초 판 1쇄 인쇄일 2022년 01월 15일
초 판 1쇄 발행일 2022년 01월 25일

지은이 최성민
펴낸이 양옥매
디자인 표지혜 송다희 김영주
교 정 조준경

펴낸곳 도서출판 책과나무
출판등록 제2012-000376
주소 서울특별시 마포구 방울내로 79 이노빌딩 302호
대표전화 02.372.1537 · **팩스** 02.372.1538
이메일 booknamu2007@naver.com
홈페이지 www.booknamu.com
ISBN 979-11-6752-103-3 (03150)

동양사상 수양론 道

마음 비우기 채우기 기르기

최성민 지음

책과나무

우주 유영(遊泳)의 시대,
마음의 고해(苦海)를 벗어날 수 있을까?

우리는 머지않아 푸른 창공으로만 보이던 우주의 망망대해를 유영하여 광년의 빛으로 존재를 알려 왔던 환상의 별나라들에 가고, AI가 세상을 운영하는 날을 맞게 될 것이다. 그렇지만 우리가 마음의 고해(苦海)를 벗어날 날이 올지는 알 수 없다. 오늘날 우리의 심신(心身)이 돌로 멧돼지 사냥했던 구석기 인류나 가깝게는 보릿고개 걱정했던 60년대 한국인들보다 행복한가? 우주에서 내려다보는 지구촌에서는 기후 위기와 코로나 창궐로 전에 없던 난리가 벌어지고 사람들은 단체로 글로벌 우울증을 겪고 있지 않은가.

물론 선인(先人)들의 시절에도 육신과 마음의 고통은 있었을 것이다. 그렇기에 일찍이 '축(軸)의 시대'에 소크라테스, 공·맹자, 예수, 붓다와 같은 현인(賢人)들은 그런 삶의 고뇌와 악을 퇴치하고 절대적인 것과의 만남을 위한 '지혜의 길'을 열어 두었다. 그 이후 각종 철학·사상·종교의 조류가 격랑을 일으키며 오늘에 이르고 있다. "철학은 시대의 반영"이라고 했는데, 물질과 이공계통의 지식이 하늘 높은 줄 모르고 탑을 쌓아 가다가 그 끝에 이를 지경이면 그것들의 문제를 받아 내는 철학과 종교의 그릇도 따라서 커질까? 우리 삶의 첨단적 고통은 거기에 다 담겨 해소될 수 있을까?

문제는 실천이다. 선인들이 가르쳐 준 '지혜의 길'이 눈앞에 있어도 보이지 않거나, 보이더라도 어렴풋한 안갯속이어서 다가갈 수 없으면 그만이다. 요즘 그런 류의 반성인지 시대적 갈증 탓인지 명상과 힐링 프로그램이 활발하게 전개되고 있다. 전국적·범세계적인 현상이기도 하지만 풍광 좋은 제주 서귀포 해안에서만도 각종 기(氣) 수련 모임 행사가 빈번하게 열리고 있다. 광활한 태평양 하늘과 바다에서 오는 우주 생명 기운으로서의 파동에너지를 맞아 몸과 마음의 묵은 때 비우기·채우기·기르기를 위한 노력들이라고 생각된다.

무슨 일이든지 본질과 지엽말단을 확연히 구별하고 본질을 먼저 파악해 내는 게 해결의 실마리이자 수순이라고 할 수 있다. 명상과 힐링 프로그램이 각기 다른 차별성을 내세우며 상업화 경쟁을 하는 것은 자칫 본질을 비켜 지엽적인 문제에 집착하는 데서 일어나는 현상이 아닌지 걱정된다. 힐링이나 명상은 원래 동양사상의 수양(수행 · 양생)론에 뿌리를 두고 있다. 명상(冥想, meditation), 마음챙김명상(mindfulness)은 불교의 사념처수행법 등이 건너갔다가 변조돼 역수입된 것이고, 힐링(healing)은 서구의 심리치료에 동양사상의 수양론이 가미된 것이다.

여기서 암시하는 것은 동양사상 수양론이 현대 또는 미래의 고해(苦海)를 건너갈 수영법의 원형이자 본질이라는 것, 그 본질을 잘 알아야 효과적인 실천을 할 수 있다는 것, 본질을 습득하면 효과적인 실천은 상업적 시장에서의 경쟁이 아닌 자유로운 자가 실행으로 가능하다는 것이다.

이 책은 동양사상 수양론의 본질을 이해하기 쉽도록 유 · 불 · 도 수양론을 유기적으로 비교하여 꾸민 것이다. 초심자들의 이해에 초점을 맞추었고, 동양사상 수양론을 공부하는 이들을 위해서는 망망대해로 진입하는 데 적어도 징검다리나 이정표 역할을 할 수 있도록 했다. 공부의 방향을 잡거나 학술논문을 쓸 경우 이정표나 징검다리를 찾는 일이 가장 어렵고 중요하기 때문이다. 구성은 저자의 앞선 저술인 『차와 수양』 및 『신묘(神妙)』에 넣었던 동양사상 수양론 관련 부분을 뽑아내어 가필(加筆) 보완하고, 동양사상 수양론을 유기적으로 이해하는 데 도움이 될 만한 항목을 더 넣어 엮었다.

갈수록 마음고통이 늘어나고, 정치 모리배(謀利輩)들에 의해 인간의 도리(道理)가 사술(詐術)과 배신(背信)에 질식당하는 '몰상식 · 몰염치의 시대'를 성찰하는 데도 적게나마 도움이 되길 바란다.

2022년 해맞이를 하며

전남 곡성 산골에서

최성민

차례

1

수양,
마음 비우기 · 채우기 · 기르기

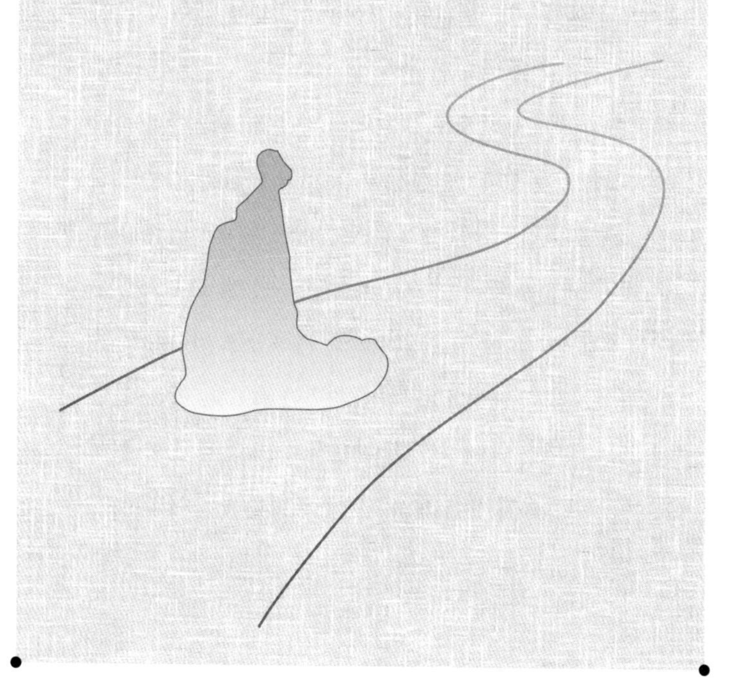

※

'수양(修養)'은 '수심양성(修心養性)'의 준말로서 '마음을 닦고 기른다'는 의미이다. '修養'과 비슷한 '존양(存養)'이라는 말이 있다. 『맹자(孟子)』「진심(盡心)」장에 나오는 '존심양성(存心養性)'을 줄여서 '存養'이라고 하는 모양이다. 맹자는 마음공부 방법으로 방만해진 마음(放心)을 다잡는 일(求放心)을 강조했다. '存心'은 이 달아난 마음을 되찾는 일 또는 마음이 달아나지 않도록 단속하는 일로서 구방심과 같은 의미이다. 맹자는 '성선(性善)'을 주장했으니 '養性'은 마음에 있는 그 착한 본성(善性)을 기르자는 의미라고 할 수 있다. 이때 '性을 기른다'는 의미는 存心한 마음에 들어 있는 性이 나중에 원만히 발현될 수 있도록 존심 후에도 계속 마음속의 성을 잘 보전·관리하라는 주문이다.

修養은 存養과 의미가 거의 같고 존양에서 수양이라는 말로 변이(變移)된 듯하지만 세밀하게 따지면 서로 약간 다른 의미가 엿보인다. 공·맹 시절에는 아직 마음의 구조가 세분되지 않아서 心과 性이 구분된 심성론(心性論) 개념은 없었고 단지 心과 性을 혼용하는 人性(인간의 본성)論 개념이 있었다. 송대(宋代)에 들어와 유학이 이기론(理氣論)과 더불어 정주학(程朱學), 곧 성리학으로 정리되면서 선진 유학의 인성 개념이 심성론으로 발전되었는데, 성리학에서 心은 '심통성정(心統性情)'이라는 말에서 알 수 있듯이 성(性)·정(情)을 아울러서 통괄하는 주재성과 활동성이 강조되는 개념이다.

'修心養性', 즉 수양이라는 말은 성리학적 마음공부법이라고 할 수 있고, '修心'은 心이 활동성으로 인해 오염될 수 있는 여지를 전제하는 말이다. 즉 '修心養性'은 오염될 수 있거나 훼손될 수 있는 마음을 잘 간수하고 다스려서 그 안에 깃든 선성(善性)을 보전하여 선정(善情)으로 발현되도록 하자는 말이다. 오염된 마음을 닦는다는 것은 곧 잡념이나 사욕을 없앤다는 의미이다. 이는 불가 수행에서 우주적 진실을 보기 위해 '왜곡의 틀'인 기존의 인식

프레임[1] 자체를 걷어 내는 '마음 비우기(明心見性)'와 같고, 도가(道家)의 '수심련성(修心練性)'(또는 修身養心)처럼 우주의 청명한 기(氣)에 의한 '마음 채우기'를 위한 자리 마련과도 같은 것이다. '수양'의 의미와 관련하여 『불교와 유학』의 저자 라이용하이(賴永海)는 불교와의 비교 측면에서 '존심양성'을 '수심양성'이라고 표현하면서, 수심양성의 기본 원칙이 '내성(內省)'과 '반구제기(反求諸己)'라고 짚고 있다. '내성'은 자기 마음(心)을 수시로 반성하면서 선한 마음이 발생하고 있는지(善性 → 善情)를 살펴보는 일이다. 이것은 일의 잘잘못의 원인을 남에게 돌리지 않고 '돌이켜 자신에게서 구한다(反求諸己)'는 자세를 갖게 해 준다. 자기의 마음을 성찰하거나 잘잘못의 원인을 자신에게서 구하는 일은 '성실함(誠)'에 이르기 위한 노력이다. 성실함의 중요성은 맹자, 순자, 자사가 거듭하여 강조했다.

수양은 이처럼 유가적인 마음공부 개념이지만 오늘날에는 편의적으로 동양사상(儒 · 道 · 佛) 전반에 두루 통하는 심법으로 받아들여지고 있다. 마음을 닦아 내서 순수

1 서양 심리학 인지 이론의 이른바 '마음의 창', 즉 세상을 보는 의도된 심리적 구도나 틀을 말한다. 더 넓은 개념으로는 '패러다임(Paradigm)'이 있다.

요소를 보전 · 발현시키자는 의미의 수양은 '심신의 결핍을 극복하려는 주체의 자력적인 노력'이라고 할 수 있다.

수양은 내성적(內省的) 사유를 고양시킴으로써 이상적인 경지 또는 초월적 경계에 이르고자 하는 주체의 자력적 노력으로서, 일찍이 마음에 관한 성찰을 깊게 한 동양사상의 사유체계가 외부 존재를 대상으로 외향적 관찰에 치중한 서양 철학의 사유체계와 다름을 보여 주는 가장 뚜렷한 징표이다. 즉, 동양 사유체계에서는 인간은 스스로 수양을 통해 최고의 경지에 도달할 수 있다고 생각하고, 서양 사유체계에서는 원죄인인 인간의 구원은 신성불가침인 신의 영역에 속한다.

이런 맥락에서 '수양'은 요즘 회자되는 '힐링(healing, 治癒)'과는 근본적으로 다른 개념이다. 심리학의 여러 과제들처럼 힐링은 약물 또는 외적 자극에 의한 '대증요법(對症療法)' 개념이다. 이에 비해 수양은 자력적 · 내성적 · 원천적인 마음건강 증진법이라고 할 수 있다.

수양은 원천적일 뿐만 아니라 일상적일 수 있는 일이다. 16세기 조선 유학을 대표한 학자 중 한 분인 남명 조식(曺植, 1501~1572) 선생의 수양 모습은 그 전형적인 예이다. 그는 '경(敬)'의 자세를 일깨워 주는 '성성자(惺惺子)'라는 방울을 몸에 차고 그 소리를 들으며 스스로 경계와 반성을 그치지 않았고, 몸에 차고 다니는 칼에 '내명자경 외단자의(內明者敬 外斷者義)'라는 글을 새겨 주역의 '경이직내 의이외방(敬以直內 義以外方: 경으로써 마음을 곧게 하고 의로써 몸가짐을 바르게 한다)' 정신을 일상적으로 실천했다.

종교와 철학이 미분화된 동양사상[2]에는 이상적인 인간형으로 공자(孔子) · 맹자(孟子), 노자(老子) · 장자(莊子), 석가모니(釋迦牟尼) 등 성인들이 제시되고 있으며, 동양사상의 가르침은 이들 성인과 같은 고매한 인간적 품격을 갖춘 사람이 되라는 것이다. 수양은 한마디로 이 목표를 달성하기 위한, 즉 공자, 맹자, 노자, 장자 또는 부처와 같은 사람이 되기 위한 마음공부라고 할 수 있다.[3] 이렇게 볼 때 동양사상은 근본적으로 수양론이며, 특히 불교는 최종

2 동양사상은 종교와 철학을 겸하고 있어서 '철학'이라는 제한적 이름을 붙이기보다는 '사상'이라고 하는 게 적절하다.

3 수양(修養)과 공부(工夫)는 혼동되는 말이다. 수양을 '동양사상의 성인들과 같은 품성을 갖추려는 노력'으로 본다면 여기에는 '도덕적 실천'이 전제된다. 그래서 주희(朱熹)는 '올바르게 행동하려는 실천적 노력'을 공부라 하고, 수양이란 용어는 도교의 수련에 한하여 사용했다. 주희의 공부론인 '거경궁리(居敬窮理)'는 마음을 함양(居敬涵養)하는 것과 사물의 이치를 파악하는 것(格物致知)을 포함한다.

목표가 불성을 닦아 부처와 같은 고매한 인격자가 되는 것(見性)이므로, 불교 자체가 수행의 장이라고 할 수 있다.

동양사상에서 수양론은 마음을 닦는 일에 관한 논의이되 마음을 닦는 일에는 그 닦아진 마음의 '도덕적 실천'이 전제되어 있다. 그래서 마음을 닦는 일만을 '수양'이라 하고 도덕적 실천 문제까지 포함시켜서는 '공부'라고 구별하여 일컫기도 한다. 그러나 서양에서는 종교와 철학이 구분되어 있어서 원죄를 지은 인간의 마음은 오로지 종교 방면에서 신에 의해서 구제될 뿐, 철학적 성찰로써 스스로 인간의 마음을 원천적으로 변화시키는 기제는 아직까지 개발되어 있지 않다.

흔히 동양사상의 수양론은 서양 철학의 인식론에 비유된다.[4] 서양 철학 인식론이 외부 존재의 실상이나 진리를 객관적으로 파악하기 위한 방법론이라면, 동양사상 수양론은 우주 궁극의 원리인 도(道)나 성인들의 가르침을 내성적으로 터득하기 위한 방법론이라 할 수 있겠다. 그런데 동양사상에서 道나 성인들의 말씀에 관한

4 동양사상의 분야를 수양론(공부론), 천도론(우주론), 인도론으로 나눌 때 서양 철학에서 이에 해당하는 것은 인식론(경험론, 합리주의, 관념론으로 분류됨), 형이상학(우주론 또는 존재론), 가치론이라 할 수 있다.

논의는 결국은 마음에 관한 일로 관계지어진다. 그래서 수양 및 수양과 유사 개념인 존양, 수도, 수신, 수행은 그 속성이 곧 '마음공부'라고 할 수 있다.

이처럼 수양은 본래 유가의 개념이고 마음을 대상으로 하는 일이지만, 이것이 오늘날에는 '마음을 고양시키는 일' 따위를 일컫는 대명사처럼 쓰이게 되었고, 동양사상 전반의 일 또는 여느 사상이냐에 무관하게 '마음을 닦는' 일로 그 의미가 확장되었다. 이는 동양인들이 심연(深淵)의 마음을 중시하고 동양사상이 근본적으로 마음을 대상으로 삼는 탐구(探究)임을 적시(摘示)한다. 동양사상을 '철학'이라 하지 않고 '사상'이라고 이름하는 경향이 있는데, 이는 동양사상이 마음의 근저를 지향하는 '학문'이라는 철학적 성격을 띠면서도 철학이라는 학문적 탐색만으로는 불가한 인간의 번뇌(煩惱)와 마음 고통의 해결을 지향하는 '종교성'을 겸하여 내함하고 있기 때문이다.[5]

修養이 피상적으로는 동양사상 儒 · 道 · 佛에 공유되

5 서양 철학은 종교와 분리되어 이성으로써 외부의 존재를 대상으로 인식하여 객관적 진리를 도출함을 목표로 한다. 그러나 동양사상은 철학성과 종교성을 모두 포함하므로 '철학'이라고만 한정하기보다는 '사상'이라고 일컫는 게 적절하다.

는 개념이지만, 儒 · 道 · 佛은 각각 세계 또는 마음의 구조를 어떻게 보느냐에 따라 수양론 측면에서 각기 특유의 다른 유사 개념을 갖는다. 수양은 앞에서 말했듯이 본래 유가의 개념이고, 도가에는 유가와 다른 修養(修身養心 또는 修心養神) 및 양생(養生)이, 도가사상에 신선술을 비롯한 민간신앙이 더해져 종교성을 갖춘 도교에는 (丹의) 수련(修鍊) 및 연화(練化)[6]가, 불가에는 수행(修行)이라는 이름의 마음공부 방법이 있다. 이들 개념은 '마음공부'라는 점에서 상호 유사하지만 각기 특유의 우주론 및 세계관과 심성론을 기반으로 방법상의 세밀한 차이를 보인다.

'식초를 맛보는 세 사람'에 대한 송대의 우화는 儒 · 道 · 佛 세 사상의 경향과 수양론적 지향을 설명해 준다. 어느 날 석가모니와 공자와 노자가 인생의 표징인 식초단지 앞에 서서 각자 손가락을 담가 그 맛을 보았다. 공자는 시다고 말했고, 붓다는 쓰다고 말했고, 노자는 달다고 말했다.[7]

유가의 수양론은 유학이 선진 유학에서 한대(漢代)의 정

6 단련(鍛練)하여 이루고, 고쳐서 변화시키는 것.

7 오카쿠라 텐신, 『차의 책(The Book of Tea)』, 정천구 옮김, 산지니, 2009, 83쪽.

비기를 거쳐 송대의 성리학으로 발전되는 과정에서 많은 변모를 보였다. 공자가 말한 '극기복례(克己復禮)'는 '사욕을 극복하여 공공(公公) 질서를 바루기' 위한 장치로서 공자의 수양론 원칙이면서 유가 수양론의 성격을 나타내 주는 말이다. 예(禮)는 시비판단의 마음인 의(義)의 표현이며 義는 인(仁)에 기반한다. 그런데 공자의 말에는 仁의 유래(所從來)에 대한 설명이 없다. 즉, 仁은 단지 공자의 자각심으로서 도가나 성리학에서 말하는 자연 또는 천(天道)과는 무관하다고 할 수 있다. 따라서 공자의 수양론은 공자의 이론 전개인 '仁 → 義 → 禮'의 선상에서 인도(人道)를 어떻게 잘 구현하느냐의 문제로 파악된다. 仁에 대해서는 맹자가 비로소 인간의 본래성(本來性)이라고 설명하여 그 개념을 인 · 의 · 예 · 지로 확장하고 '存心養性'의 수양론을 피력했다.

공자는 또한 義와 命을 각각 '자각적 주재'와 '객관적 제한'으로 구분하고 자신의 경우를 예시하여 의와 명을 가릴 수 있는 인격 성숙의 단계를 설명했다.

● 子曰 吾十有五而志於學 三十而立 四十而不惑 五十而知天命

六十而耳順 七十而從心所欲不踰矩.(『爲政』)

공자 왈 나는 열다섯에 배움에 뜻을 두었고, 서른에 주견이 섰으며, 마흔에 의혹이 없었고, 쉰에 천명을 알았으며, 예순에 耳順(이순: 義 · 命을 가리기 수월함)하였고, 일흔에는 마음대로 해도 법도에 어긋남이 없었다.

여기에서 지천명은 사람의 힘으로 할 수 있음과 없음(객관 제한)을 알았다는 뜻이다. '불혹' 이전의 공부는 옳고 그름을 가릴 수 있는 자각적 의지(義)의 배양이어서 不惑에 와서 義를 잘 알게 되었고 이윽고 知天命에 와서는 義와 구별되는 사실의 문제(命, 天命)를 알게 되어서 인간이 주재할 수 있는 영역(義)과 주재할 수 없는 영역(命), 즉 사실과 가치판단의 문제가 분리되어 드러나게 되었다. 그럼으로써 耳順으로부터 마음껏 하고 싶은 것을 해도 저절로 義와 命의 구분에 따르는 것이 되어 법도에 어긋나지 않는 영역으로 들어간 것이다.

선진 유가와는 달리 성리학은 천도(天道)가 본체로서 마음 안에 들어와 있는 데서 인도(人道)를 찾는다. 성리학의 수양은 인간에게는 천명(天命)으로 부여받은 선한 본성이 있다는 전제 아래 성(誠) · 경(敬)의 노력을 통해 천명(性)의 구조적 성격(誠)을 이해하고 이를 현실에서 인간의 덕성으로 발현시켜 행동으로 실천하자는 것이다.

자연의 운행 법칙인 천도에 오로지 잘 순응하고자 하는 도가는 마음을 유가나 불가처럼 세밀하게 살피기보다는 단지 우주의 청기(淸氣)라는 질료로 채워져 있는 단순 구조로 본다. 도가의 수양은 인간의 마음이 淸氣가 아닌 것으로 오염되는 상황을 경계하여 '마음 비우기'를 통해 순수 자연의 상태를 회복하는 것, 즉 자연의 청순한 기가 빈 마음에 들어와 차도록 하는 것이다. 도가의 '마음 비우기'는 더 나아가 氣를 고도화시켜 신(精神)으로 발현시키는 일이기도 하여 '수양'보다는 '양신(養神)'이라는 말을 쓰기도 한다.

도가의 양생(養生)은 또 다른 의미로서, 자연이라는 거대한 생명계로부터 부여받은 심신의 생명력(氣, 生主)을 잘 보전하는 일이다. 그 방법은 분별지와 과도한 지식욕을 덜어 내고, 삶의 운영을 '연독이위경(緣督以爲經)'[8]과 '처

8 '중의 이치(督)에 따라(緣) 그것을 기준(經)으로 삼는다(以爲)'(『莊子』「養生主」)는 뜻.

순(處順)'의 원칙에 따라 하는 것이다. 여기에서 안시처순(安時處順)의 원리에 따라 때에 맞게 '자연의 순리'를 잘 파악하는 일이 중요한데, 이는 심신의 기를 정화하고 보충하여 자연의 기와 공명하게 함으로써 가능하다. 이는 곧 자연과 합일하는 일이이서 養生은 또한 養神으로서의 修養이라고 할 수도 있다. 자연합일을 지향하는 도가의 수양과 양생은 모두 '인간의 자연화'라고 할 수 있다.

도가의 이론을 도입하고 민간신앙의 여러 설을 융합시킨 도교(道教)의 수련은 한 발 더 나아가 우주의 청기를 심신(心身)에 끌어들여 이를 고도화시켜서 우주의 태초 상태로 돌아감으로써 생사를 벗어나고자 하는 일이다. 즉, '연기화정(練氣化精) → 연정화기(練精化炁: 몸 안 선천 炁의 보강) → 연기화신(練炁化神) → 연신환허(練神還虛)'의 과정을 거쳐 나의 심신을 영원한 우주의 한 부분으로 되돌리고자 하는 것이다.

불교는 이 세계를 바탕 마음(한마음, 아뢰야식)이 그려낸 몽환(夢幻)이라고 보고 수행을 통해 모든 표피적인 감각과 의식을 걷어 내고 아뢰야식(阿賴耶識)을 체인(體認)함으로써 무명(無明)에서 비롯되는 윤회의 실상을 이해하고 한마음 공동체를 구현하고자 한다. 佛家의 수행(修行)은 수양(修養)보다 범위가 더 넓은 포괄적 의미를 갖는다. '修'를 '닦는다'는 의미로 본다면 修行은 '행동(실천)을 착실하게 한다'는 정도의 의미가 되겠다.

불가에서는 이론에 해당하는 부처의 말씀(설법)을 이해의 대상이라는 의미로 '해(解)'라 하고, 解에 입각한 실천 행동을 '행(行)'이라 한다. 따라서 行의 방법과 목표는 解가 규정한다. 불가에서 근본적인 解(부처의 깨달음)는 곧 연기(緣氣)이며 그것이 가리키는 바는 인간의 생사와 괴로움은 진리(眞如)에 대한 무지, 즉 마음의 無明에서 비롯된다는 것[9]이다. 따라서 이 解에 따른 行의 목표는 무명을 타파하여 연기의 사슬에서 벗어나 해탈(解脫)을 성취하는 것이다.

석가모니는 교설(解)을 낼 때마다 그것의 실천 방안(行)을 반드시 함께 설명해 주었다. 초기 경전에 나오는 사념처(四念處) · 사정단(四正斷) · 사신족(四神足) · 오근(五根) · 오력(五力) · 칠각지(七覺支) · 팔정도(八正道, 이상 37助道品)

9 12支 緣氣(1無明 → 2行 → 3識 → 4名色 → 5六入處 → 6觸 → 7受 → 8愛 → 9取 → 10有 → 11生 → 12老死)의 원리를 말함.

를 포함한 실천적 교설들이 그것이다. 그중에서도 십업설(十業說)과 사제설(四諦說)[10]은 중요한 비중을 차지하고 있다. 십업설은 세속적인 사회윤리에 관한 대표적인 교설이며, 사제설은 생사 괴로움의 근본적 멸진으로 향하는 대표적인 수행의 길이다.[11] 사제설에서 修行은 道諦에 해당한다. 道諦는 계(戒) · 정(定) · 혜(慧)로 이루어지며 이것을 세분한 것이 八正道[12]이다.

동양사상 수양론은 각론에서 시각 차이가 보이지만 그것들이 지난한 중국 역사 속에서 경쟁과 보완의 관계를 유지해 왔기에 하나의 맥(脈)으로 모아지는 지점도 있다. 류쩌화(劉澤華, 1935~2018)는 사마담(司馬談)의 말[13]

10 석가의 전체 가르침의 네 가지 관념인 苦 · 集 · 滅 · 道를 말함. 생명 및 현상에 대한 관찰(苦 · 集)과 이를 타파하여 목적에 이른다는 주장(滅 · 道)으로 되어 있다.

11 고익진, 『불교의 체계적 이해』, 광륵사, 2015, 73~74쪽.

12 불가 수행의 올바른 길로서 정견(正見) · 정사유(正思惟) · 정어(正語) · 정업(正業) · 정명(正命) · 정념(正念) · 정정진(正精進) · 정정(正定)을 말함.

13 "「계사하(繫辭下)」에 말하길 '천하의 목표는 일치하나 그것을 향한 생각은 수만 가지이고, 다 같이 한곳으로 귀결되나 걷는 길이 다르다'고 한다. 음양, 유, 묵, 명, 법, 도덕가 모두는 정치에 힘쓴 사람들이다. 다만 그들이 좇는 말이 다른 길을 걸어 혹자는 전해져 성찰되었으나 혹자는 성찰되지 못했을 따름이다."(류쩌화, 『중국정치사상사 1』, 장현근 옮김, 글항아리, 2019, 11쪽.)

을 인용해 그 지점이 '治(왕도정치)'라고 주장한다. 이는 제자백가의 사상이 왕과 군주의 마음가짐에 관한 지침, 즉 치자(治者)의 수양 문제로 귀결되고 있다는 주장이다.

또 '治'와 연관된 맥락에서 동양사상이 갖는 마음탐구로서의 또 다른 특성을 일지(一指) 스님(1960~2002)은 "불교와 중국 철학은 반복되는 일치일란(一治一亂)의 역사를 체험하고 극복하려는 불굴의 가치관과 의지가 투영되어 있는 종교이며 철학이라는 점을 유념할 필요가 있다. 이 점이 바로 지적(知的)인 사상 이해만으로는 고전의 완전 해독을 불가능하게 만드는 것이다."[14]라고 말했다.

14 일지, 『중관불교와 유식불교』(세계사, 1992), 66~67쪽.

2

동양사상의 수양, 서양 종교의 구원

동양사상의 덕성(德性), 서양 철학의 이성(理性)

동양사상사를 '덕성의 발견과 발전의 역사'라 하고, 서양 철학사를 '이성의 발견과 발전의 역사'라고도 한다. 즉, 서양 철학의 핵심 개념은 '이성'이고, 동양사상의 핵심 개념은 '덕성'이다. 서양 철학은 이성에 기반한 합리적 사유로써 외재적 사물이나 현상을 대상으로 객관적이고 보편적인 진리를 탐구한다. 동양사상은 덕성에 기반한 공감적 감성으로써 외향적으로는 외재적 사물과 소통하고 내성적으로는 만물 공유의 마음을 찾는다. 확고한 원리이자 보편적 기준인 이성으로써 객관적 진리를 찾아내야 하는 서양 철학에서는 가변적이고 개별적인 감성은 억제의 대상이다. 덕성은 기(氣)로서 정(情)이고 氣는 변화의 원리를 내포하므로 '닦아지고 교체되는' 속성을 갖는다.

동 · 서 사유체계의 이성과 덕성에 대한 이러한 견해 차이 때문에 서양의 사유체계에는 동양사상의 수양론과 같은 마음공부법이 없다. 동양사상이 '사상'이라 불리는 이유 및 서양 철학과 다른 특색은 철학과 종교가 미분화되어 마음의 구조를 철학적으로 탐구하고 존재론적 절대와 의지처를 마음 안에서 찾는다는 데 있다. 서양 철학은 종교와 분리되어 있어서 영혼의 구제와 같은 마음의 궁극적인 과제를 신(神)의 영역으로 돌려놓았다.

서양 철학에서 마음에 관한 논의는 오로지 인식론의 차원에서 진리 인식 담당 기능인 '이성(理性)'에 초점이 맞춰져 있고, 심적 고통이나 고뇌를 포함한 감성 또는 존재에 대한 직관과 같은 마음의 다른 요소들은 철학적 인식의 국외자들로서 도외시된다. 특히 서양 철학에서 마음의 근본적 고뇌나 죽음 앞의 불안과 같은 마음 심층의 갈등 문제는 '실존'이라는 이름의 마음 외적인 '현상'으로 다뤄지거나 '영혼의 구제'라는 명제로서 창조론 기반의 종교 영역으로 돌려진다. 즉, 인간 마음의 근본적인 문제는 신에 의존하여 신의 힘으로 구원받음으로써 해결될 수 있다는 것이다. 중세의 마녀사냥은 이러한 '신의 영역'을 침범한 데 대한 경고였다.

서양 사유체계에서 이성이 중시된 다른 이유는, 서양 철학의 고향인 그리스의 입지 조건에서 찾을 수 있다. 지중해의 사통팔달하는 자리와 척박한 토지는 일찍이 그리스인들에게 모험심과 장사 기질을 길러 주었다. 상품(올리브 기름과 이를 담는 도자기 등) 생산과 무역거래를 위해 말을 잘하고 계산이 빨라야 했으므로 '합리적으로 따지는 문화'가 길러졌다. 그리스 문명의 이러한 특징을 집약하는 말이 'logos'이다. '로고스'는 언어, 이성, 추론, 정의, 주제, 우주의 이법(理法) 등으로 번역된다.

그리스 철학은 '로고스'를 사용하여 마음 바깥에 있는 현상과 사물을 탐구하는 자연철학으로 시작됐고, 소라테스(Socrates) 이후 관심의 축이 인간 쪽으로 이동되어 '객관적이고 보편적이고 불변하는' 것(절대 존재로서 이데아)을 찾는 서양 철학 존재론의 기본 골격이 형성되는 과정에서도 로고스의 원리가 채택되었다. "이데아는 이성적 직관으로만 도출해 낼 수 있다."고 한 플라톤(Platon)의 말에서는 서양 철학 사유 체계에서 다뤄진 이성(로고스)의 역할과 중요성을 알 수 있다.

이러한 탓으로 이성을 중시한 서양 철학에는 동양사상에서와 같이 이성을 포함한 인간의 마음을 내성적으로 깊이 들여다보는 장치나 노력이 별로 없었다. 동양사상가들의 사유 내용, 즉 석가모니의 깨달음, 공 · 맹의 인성에 대한 자각, 노 · 장의 인간의 본래성 파악은 모두 사람의 마음을 들여다보고 그 구조와 성격을 탐색해 낸 것이거나 인간의 마음에 든 자연성을 본 것이다. 그러나 서양 철학에서는 고대 그리스 철학에서부터 '마음'을 외부 존재(대상)를 인식하는 방법으로서 '이성'으로만 파악하여 인식론과 존재론의 기제로 다뤄 왔을 뿐, 20세기 초에 프로이트(Sigmund Freud)가 정신분석 작업을 하기 전까지 마음의 내부 구조를 상세히 들여다보는 일을 하지 않았다.

- "현대 문명의 자연 파괴, 이기주의는 자연과 마음의 이원적 대립으로 인한 것이다. (불교의) 유식사상(唯識思想)은 모든 생명체, 자연 현상은 그 생태적 · 우주적인 근원에서부터 연결되어 있다고 경고한다."[1]

이 말은 불교 유식론(唯識論)의 관점에서 볼 때 서양 철학의 '이성'은 완전하지 못하여 많은 문제를 야기한다는 것이다. 이성의 한계와 부작용을 더 지적한 글이 있다.

- 인간의 뇌는 환상을 만든다. 우리는 그 환상만을 실재로 인식하고, 환상의 관념만을 지각할 뿐이다. 인간의 이성이 존재 질서를 있는 그대로 인식하지 못하고 허구의 세계를 만들고 있다는 것은 우리가 자연과 조화하지 못한다는 데서 확연하게 드러난다. 인간이 지구 위 다른 생명체와 공존하지 못한다는 것, 동물을 학대하고 식물 생태를 파괴한다는 것, 수억 년에 걸쳐 축적된 자원을 일시에 뽑아 쓰고 지구 표면을 숨 못 쉬게 콘크리트로 덮어 버리며 핵무기와 핵발전소를 만들어 폭탄놀이를 하고 있다는 것, 이 모든 것은 인간이 사실은 진화가 아니라 퇴화의 산물이라는 것, 스스로 멸망의 길을 재촉하고 있다는 것을 말해 주는 것이 아닐까?[2]

1 일지(一指) 저, 『중관불교와 유식불교』, 1992, 도서출판세계사, 319쪽.

2 한자경, 『심층마음의 연구』, 2018, 도서출판 서광사, 242~243쪽.

그렇다면 영혼의 능력이자 '만고불변의 원리'인 '이성'을 만능시하는 서양의 사유체계에서는 '영혼의 구제'는 독실한 신앙인들만의 혜택이고 신심이 약한 사람이나 무신론자들은 영원히 타락한 존재로서 살아가는가? 서양인들은 수양론적 사유체계를 지닌 동양인들에 비해 대체로 낮은 수준의 심리 상태에 있는가? 여기에서 서양의 마음 개념 발전사를 살펴볼 필요가 있겠다.

서양 철학의 수양론적 계류(溪流)

서양 철학의 태동기인 고대 그리스 철학의 초기 피타고라스학파에는 동양사상에서와 같은 '혼의 윤회' 사상 및 불가의 수행과 같은 '혼의 정화' 관념이 있었다. 이에 따르면 혼은 원래 순수 불멸의 신적 존재였으나 죄로 인해 육체라는 감옥에 갇혔다. 육체가 죽으면 현생의 죄를 둘러쓴 혼은 내생의 육체로 옮아간다. 혼의 목표는 이런 윤회의 고통, 즉 육체의 감옥에서 벗어나 본래의 신적인 세계로 돌아가는 것(정화, katharsis)이다.

정화의 방법으로는 일정한 계율 지키기, 음악이나 수학과 같은 교양의 습득 및 지혜의 터득이 있었고, 지혜의 터득 방법은 '관조(觀照)'였다. 이런 방법은 영혼이 육체에 붙들려 있기에 육체로부터 받게 되는 영향을 최소화하려는 것이다. 이 정화의 방법들이란 오늘날 동양사상의 수양법과 유사하다. 특히 명예나 이기심 등 잡념을 제거하고 무심(無心)의 상태가 되는 '관조'가 그렇다.

'혼의 윤회' 사상은 인간의 사유체계가 신화(종교)에서 이성(철학)으로 이행되던 과도기에 철학에 함유된 종교성의 반영이라고 할 수 있다. 이후 그리스 철학의 초점이 인간으로 옮겨져 인간 마음에 대한 탐구가 소크라테스 - 플라톤 - 아리스토텔레스(Aristoteles)로 이어졌다. 서양 정신사에서 플라톤은 최초로 '마음'을 들여다보는 문을 열었다. 플라톤은 피타고라스학파의 영혼관의 핵심을 원용하여 이전의 '영혼' 개념을 정리하면서 영혼과 신체의 관계, 영혼의 불멸성 등 서양 철학사에서 마음에 관한 근본적 물음의 학구적 단초를 마련했다.

이는 "영혼을 돌보라"(플라톤의 「대화편」)는 말로써 영혼과 신체의 관계를 목적과 도구의 관계로 파악한 소크라테스의 주장에서 영향을 받은 것이었다. 플라톤에게 영혼은 의식과 도덕적 실천의 주체로서 인간의 '정신'을 포함한 우주 자연의 생명 원리였다. 영혼은 인간이 살아 있는 동안 '정신'으로서 자아 정체성의 근간을 이루며 사후에는 윤회의 주체가 된다. 이는 우주적 생명력의 연장으로서의 정신을 기(氣)로 파악한 동양사상 도가의 심론(心論)과 비슷하고 영혼이 인식 능력과 윤회성을 겸한다는 점에서는 불가의 아뢰야식설과 일맥상통한다.

플라톤은 영혼의 존재론적 위상을 영원불변의 이데아 세계와 끊임없이 움직이며 변화하는 물질세계의 사이에 놓았다. 그는 영혼은 운동을 한다는 점에서는 이데아와 구별되지만, 운동의 원인을 자체 내에 가지고 있기 때문에 그 운동은 타자에 의해서만 움직여지는 물질의 타성적 운동과는 근본적으로 다르다고 이해했다. 영혼의 이런 성격 때문에 영혼을 지닌 인간을 비롯한 생명체는 모두 끊임없는 물질적인 운동 변화를 겪는 육신을 가지고 이 세상에 존재하면서 자신의 정체성을 지켜 나갈 수 있는 것이다.

플라톤은 『국가』에서 영혼을 '이성 부분', '기개 부분', '욕구 부분' 등 세 부분으로 나누었다(영혼 삼분설). 앞에 나온 "영혼을 돌보라"는 말은 영혼을 이루는 이 요소들이 조화를 이루도록 하라는 주문이다. 플라톤은 영혼의 세 부분이 조화를 이루고 있는 상태를 영혼의 건강에 비유하여 이것이 행복한 삶의 조건이라고 주장했다. 영혼이 조화를 이루고 있는 상태란 지혜를 사랑하는 부분(이성 부분)이 주도적인 위치를 차지하고 다른 부분들이 그에 호응하는 질서를 갖는 구조를 말한다. 플라톤의 영혼 삼분설은 '좋은 삶'이란 이성의 기능을 발휘하여 지혜(진리)를 찾는 삶이며 그러기 위해서는 영혼의 여러 요소들을 거기에 맞게 조절해야 한다는 주장을 품고 있다.

따라서 "영혼을 돌보라"는 말은 곧 동양적인 '수양'의 필요성을 역설한 것이라고 볼 수도 있겠다. 영혼과 육신의 완전 분리를 지향하는 플라톤의 영혼관은 중세 철학에 흡수돼 기독교의 영혼 구제 메시지로 녹아들어서 천년 이상 서양인들의 정신세계를 지배했지만, 그 대척점에 영혼을 일종의 물질로 보는 물질주의 영혼관의 문을 열어 놓았다. 물질주의 영혼관은 오늘날 마음의 문제를 신경생리학이나 뇌과학에서처럼 현대의 자연과학적 방법으로 접근하려는 시도를 가능케 했다.

플라톤의 여러 대화편에 산재해 있던 영혼에 대한 논의

는 아리스토텔레스의 '형상(원리, 본질)과 질료(재료, 원료)'의 이론에 따라 플라톤주의도 물질주의도 아닌 '영혼(형상)과 몸(질료)'이라는 상호 떨어질 수 없는 이원론 구도로 체계가 잡힌다. 아리스토텔레스는 질료인 몸 안에 내재된 형상이자 자연계 생명 원리로서의 영혼의 기능을 영양 섭취의 식물적 기능(식물혼), 감각과 운동의 동물적 기능(감각혼), 인간만이 갖는 지성적 사유의 기능(이성혼) 등 셋으로 구분한다.

여기에서 '이성혼'은 앎을 획득하는 기능으로서 가장 중요한 기능이다. 아리스토텔레스는 영혼이 앎의 단계에서 그 최상의 모습을 보여 준다고 생각하고, 행복은 이성의 기능을 완전하게 발휘하는 삶에서 찾아진다고 했다. 그리고 『정치학』에서 국가의 본질은 인간의 최고선, 즉 이성을 완전히 발휘한 상태로서의 행복의 실현에 있다고 했다. 여기에서는 무엇보다도 '앎'을 획득하기 위한 이성이 강조되고 있다.

또 여기서 앎(에피스테메, 지식)이란 덕(아레테, 선)의 실현을 위한 사람의 구실이나 기능에 대해 아는 것을 말한다. 따라서 인간의 행복은 덕이 실현된 상태이고 이는 이성에 의한 사람의 구실에 대한 앎이 전제되어 있다. 즉, 행복의 관건은 이성의 기능 발휘이다. 아리스토텔레스는 덕을 '윤리적 덕'과 '지적 덕'으로 나누고, 윤리적 덕을 기르기 위해서는 지속적인 습관과 훈련이 필요하다고 하여 '수양'의 의미를 얹어 놓았다.

고대 서양 철학의 수양론적 계류는 '그리스 철학의 석양 무렵'인 헬레니즘 시대의 철학자 플로티노스(Plotinos)의 사상으로 이어진다. 플로티노스는 헬레니즘 시대의 '신플라톤주의자'로 불린다. 그는 플라톤의 '영혼 윤회설'을 이어받아 '유출(流出)설'과 '영혼의 정화'를 주장했다. 소크라테스에서 플라톤과 아리스토텔레스로 이어져 온 영혼과 이성의 개념에서 이성은 아리스토텔레스에 의해 영혼의 한 부분으로서 앎을 획득하는 방법으로 견고하게 자리매김되었다.

이어 플로티노스에 의해 이성은 사유하는 실체로서 이데아를 상기시키며 관상(觀想)을 통해 신의 존재도 현현(顯現)시키는 것으로 규정되면서 '관상'이라는 수양론적 언어를 수반했다. 이러한 이성은 기독교가 유럽을 지배하던 중세(5세기 말~15 · 16세기)에 들어서면서 신의 존재를 합리적으로 설명하기 위한 수단으로 사용되기에 이른다.

이성(理性)과 신(神)의 접점, 철학과 종교의 만남

중세 철학은 그리스 철학과 그리스도교의 만남이자 '신앙과 이성의 조화'로 일컬어진다. 중세 철학은 신플라톤주의자들의 '일자(一者)'를 바로 그리스도교의 신과 동일시함으로써 그리스 철학을 그리스도교에 수용하여 그리스도교의 교리를 확립·체계화한 교부철학(2~8세기)과 함께 문을 열었다. 아우구스티누스(Augustinus)는 데카르트(R. Descartes, 1596~1690)에 앞서 '사고하고 있다'는 '진리'로서의 자신의 모습을 발견하고 그 '사고'를 통해 다른 진리인 신이 나타날 수 있다고 믿었다. 아우구스티누스는 그 신이 우리 내면에 존재한다고 하여 이를 '내적인 스승'이라고 불렀다.

아우구스티누스에 따르면 사람들 각자의 마음이 인식하는 여러 '진리들'은 모든 진리의 근원이 되는 '진리 자체'의 빛을 받아서 우리에게 드러난다. 이성적 인식 대상을 파악하기 위해서는 이성의 논리에 공명하는 다른 울림체의 진동이 필요하다. 그것이 앞에 말한 '내적인 스승'

으로서 신, 신의 지혜, 진리, 로고스이다. 아우구스티누스는 각각 다른 인간들이 같은 진리를 인식하고 그것을 서로에게 말로 전달하여 확인할 수 있는 가능성은 이 동일한 스승에게서 나온다고 말한다. 우리가 마음속에 이 유일하고 동일한 스승을 가짐으로써 근원적인 진리의 동일성을 공유할 수 있다면 이는 유가의 '성즉리(性卽理)'설, 도가의 기론(氣論), 불가의 아뢰야식설과 원리적 맥이 통한다고 할 수 있겠다.

플라톤이 이성에 의한 상기(想起)를 통해 이데아를 인식할 수 있다고 한 것과 달리, 아우구스티누스는 '기억'을 통해 현재적 내면의 신과 만나게 된다고 했다. 플라톤이 '영혼의 윤회'를 내세워 영혼이 육체라는 감옥에 갇히기 이전에 자리했던 이데아의 세계를 다시 상기해 내는 방법으로 영원한 진리인 이데아를 인식할 수 있다고 한 데 비해, 영혼의 윤회보다는 영혼의 구제를 갈망하는 그리스도교로서는 과거에 대한 상기보다는 현재의 자기의식을 내면에 집중함으로써 '기억의 창고'에서 확실한 진리를 만날 수 있다고 생각했다. 이 내면에 정신을 집중하는 행위(기억)는 유가의 경(敬)으로써 선성(善性) 기르기,

도가의 좌망(坐忘)으로써 자연의 기운(氣韻)과 공명(共鳴)하기, 불가의 적멸(寂滅)에서 아뢰야식 체득하기와 무엇이 다른가?

중세 철학의 근본 전제는 이성에 기초한 철학적 진리와 계시에 기초한 신앙적 진리가 하나의 근원에서 유래하기 때문에 일치한다는 것이었다. 이런 전제는 그리스도교 교리의 합리화에 목적이 있고 이성과 신앙의 조화를 필연적인 것으로 설정한다. 캔터베리의 안셀무스(Anselmus)가 "나는 이해하기 위해 믿는다."라고 한 말이 대변하는 '이성과 신앙의 조화'라는 중세 철학의 과제는 스콜라 철학을 대표하는 토마스 아퀴나스(Thomas Aquinas)에 의해 완성된다. 그는 이성적 사고의 완성된 형태인 아리스토텔레스의 철학과 교부 철학에서 마련된 전통적인 그리스도교 사상을 학문 방법론을 통해서 표현하고자 했다.

영혼관에 있어서 토마스 아퀴나스는 아리스토텔레스의 이론으로써 플라톤의 이원론을 극복하여 "영혼은 육체의 형상"임을, 즉 '(지성적인) 영혼과 육체의 합일'을 주장했다. 그러나 아퀴나스의 영혼관은 아리스토텔레스의 이론을 그대로 받아들인 것이 아니라 당시 그리스도교도들이 믿고 있던 영혼불멸성에 의지하면서 단지 지성적인 영혼이 인식 활동을 위한 육체적 감각의 필요에서 육체와 합일해야 한다는 주장이었다.

수양론적 측면에서 보자면 아우구스티누스와 토마스 아퀴나스가 플라톤과 아리스토텔레스의 영혼관을 종합하여 수립한 중세 철학의 영혼관은 인간적인 것과 신적인 것의 거리를 좁혀 놓으면서 기독교적 수양을 현재화하고 구체화시켜 인간의 영역으로 당겨 놓았다고 할 수 있다. 아우구스티누스의 '기억'과 '내면에의 집중', 아퀴나스의 육체적 감각을 통한 '지성적 영혼'의 인식 작용 등에서 그러한 장면을 유추할 수 있다.

지금까지 서양 고대 철학과 중세 철학의 수양론적 흐름을 살펴보았다. 이는 수양론이 종교와 철학이 섞여 있는 동양사상에서 확립된 이론으로서 근본적으로 존재론적 근원을 지향한다고 볼 때, 서양에서 종교와 철학의 분화가 덜 된 고대 철학이나 신앙과 이성이 교차하는 중세 철학에서 동양사상과 유사한 수양론적 측면이 있었는가를 알아보고자 한 것이다. 이후 중세 철학은 그리스도교 교리는 학문적으로 기초를 놓을 수 없고 신앙의 대상일 뿐이라는 '종교개혁'의 주장이 일면서 '신앙으로부터 독립된 이성'의 시대인 근대 철학으로 바통을 넘긴다.

신(神)의 자리에 앉았던 이성(理性)

근대 철학은 데카르트가 "나는 생각한다. 고로 나는 존재한다."라는 말로써 대륙 합리론의 문을 열면서 시작되었다. 데카르트는 진리 탐구의 주체로서 인간 안에 '생각하는 자아'의 원리를 세워서 진리에 이르는 방법으로 종래의 '신의 계시' 대신 인간의 '이성'과 '직관'을 택하고자 했다. 그는 인간의 이성은 지식의 확실성을 담보할 수 있다고 생각하고, 우리의 의식에서 의심이 가는 감각적 요소를 모두 제거한 직관은 곧 명석한 지적 활동이나 통찰력이라고 신뢰했다. 데카르트는 인간의 마음과 몸을 '사유(思惟)'와 '연장(延長)'이라는 속성으로 파악하여 아리스토텔레스의 '형상과 질료'의 이원론을 '정신과 물질(육체)'의 이원론으로 바꿔 놓았다.

고대에서 근대에 이르기까지 '마음' 개념의 변화를 보자면, 이데아와 물질세계의 중간에 놓였던 플라톤의 '영혼'에서 아리스토텔레스가 더 상세히 규명한 '생명의 원리로서의 영혼'을 거쳐 데카르트에 이르러 '의식의 주체인 정신'으로 발전되었다. 그리고 데카르트에 의해서 진리 탐구의 새로운 주체 및 방법론으로 제시된 '자아'와 '이성'은 합리론과 경험론을 지양 · 종합하여 독일 관념론이 완성되는 과정에서 비판적으로 검증되고 다듬어지면서 칸트(Immanuel Kant, 1724~1804)의 '초월적 자아' – 피히테(Johann G. Fichte, 1762~1814)의 '절대적 자아' – 셸링(Friedrich W. J. von Schelling, 1775~1854)의 '절대 주체' – 헤겔(Georg W. F. Hegel, 1770~1831)의 '절대정신'으로 더욱 명징(明澄)해졌다.

이 과정에서 칸트는 인식의 기제(機制)를 고찰하면서 서양 철학 사유체계에서 동양적인 수양론이 원천적으로 불가함을 선언했다. 칸트는 『순수이성비판』에서 인간이 사물을 파악하기 위한 감성과 오성의 틀로서 선험적 직관의 순수 '형식'인 '시 · 공간' 및 이 '형식' 속에서 사물을 알기 위한 주관의 요소인 '범주'를 제시하고 이는 인간이 태어날 때부터 갖추고 있다고 주장했다.

한편, 그는 인간에게는 이 '형식'과 '범주' 밖의, 즉 경험적 현상 너머의 것을 인식할 수 있는 지적 직관이 없으므로 "초월적 자아는 의식되긴 하지만, 인식되지는 않는다."라고 함으로써 이성이 인식할 수 있는 대상을 경험 가능한 세계로 한정하여 합리론과 경험론의 절충을 기했다. 칸트의 이러한 생각은 초월적 자아인 '바탕 마음(아뢰야식)'의 깨달음을 목표로 삼는 불가의 수행론과 배치된다.

근대의 이성은 헤겔에 의해 역사의 정의를 실현하는 절대정신(절대지)으로까지 승격되었다. 헤겔은 이성의 변증법적 성격을 간파해 이성이 스스로 모순에 봉착하는 가운데 이를 역동적인 운동 속에서 해결해 나가 마침내 역사적 정의를 실현하는 절대정신으로 승화한다고 했다. 수양론적 시각에서 보자면 이 이성의 변화 과정은 오랜 기간 자기운동 원리에 따라 외물 또는 주변 환경에 경험적으로 반응하는 집단지성적 자율운동일 뿐, 이성 소지자 개체의 의지와 주체적 노력이 개입되어 초월 지향의 내성적 변화를 일으키는 것은 아니다. 이 지점에서 서양 철학의 마음 논리에 수양의 여지가 없음이 확인된다.

"신은 죽었다!", '무의식'에서 AI까지

니체의 "신(우상이 된 근대의 이성)은 죽었다."라는 말로 상징되듯이 이성 만능의 근대 철학은 19세기 말~20세기 초에 걸친 1 · 2차 세계대전을 비롯한 각종 이성의 폐해물들로 인해 이성과는 다른 혁신적인 주제를 갈망하는 현대 철학으로 자리를 옮긴다. 현대 철학은 현상학, 해석학, 언어분석철학(비트겐슈타인)과 같은 방법론 및 실존주의(샤르트르, 하이데거), 구조주의 언어학(소쉬르), 포스트모더니즘, 비판 이론 등과 같은 사조(思潮)의 성격이 강한 분야로 나뉘어 전개된다.

더불어 인간 의식에 대한 접근도 달라졌다. 인간은 자유의지에 따라 합리적으로 행위하는 주체라는 서양 철학의 고전적 전통의 인식이나 근대 철학의 이성적 인간관과는 달리 인간의 의식과 행위는 사회 경제적 구조에 의해 제약되고(마르크스), 무엇보다 '무의식'의 지배를 받는다(프로이트)는 것이 그것이다.

이와 함께 근대의 과학혁명 이후 자연과학 만능시대가 되면서 인간의 심리현상도 자연과학적으로 설명할 수 있다는 생각이 고개를 들었다. 특히 19세기 중반에 다윈은 진화론을 통해 생물의 생물학적 기능들이 단지 목적성 없는 자연선택의 산물인 물리적 기제들에 의해 구현되는 것임을 보여 주었다. 이런 논리에서 출발한 오늘날의 진화 심리학은 목적 지향적으로 보이는 인간의 합리적 사고와 행위를 좌우하는 마음의 기능들 또한 자연선택의 산물인 두뇌의 기제들에 의해 구현되는 것이라고 주장한다.

여기에 또 20세기에 들어와 영국의 논리학자이자 수학자인 튜링(A. Turing)이 모든 논리적 증명과 수학적 계산을 기계적으로 수행할 수 있다는 이른바 '튜링 기계'의 개념을 제시하고 이것이 오늘날의 컴퓨터로 구현됨으로써, 인간의 모든 정신 사태를 컴퓨터로 구성하고 구현해 보고자 하는 '인공지능(artificial intelligence)' 시대가 열리게 되었다.

위와 같은 과정을 거쳐서 도출된 오늘날 서양 철학 심신관계론의 주류는 유물론 또는 물리주의이다. 물리주의는 인간의 심리 현상 또한 자연과학적 탐구를 통해 설명될 수 있다는 주장이다. 이러한 추세에서 1970년대에 들어와서는 마음의 본성을 자연과학적으로 규명해 보고자 여러 인접 과학들(심리학, 신경과학, 뇌과학, 컴퓨터과학, 언어학, 철학)이 참여하는 '인지과학(cognitive science)'이 학제적 체제를 드러냈다. 인지과학의 성립에는 1950년대 말까지 50년 동안 심리학계를 지배해 왔던 행동주의 심리학의 '독단'도 영향을 끼쳤다. 행동주의 심리학자 스키너(B. F. Skinner)는 (주관적인) 마음 자체가 아예 존재하지 않으며 오직 주관적인 행동 기질이 있을 뿐이라고 주장했다.

그러나 인간의 심리 현상에 대한 자연과학적 탐구는 아직은 매우 빈약한 성과에 그치고 있다. 노벨 경제학상 수상자인 허버트 사이먼(Herbert A. Simon)은 1965년 출간한 책에서 "인간이 할 수 있는 어떠한 일도 앞으로 20년 안에 기계가 할 수 있을 것"이라고 예언한 바 있다. 그러나 현재의 과학기술로는 인간의 심리 탐구는 고사하고 체질이 인간의 육체와 비슷하다는 돼지의 심리를 밝혀내지도 못하고 있다. 이런 현상과 관련하여 언어학자이자 인지과학자인 노암 촘스키(A. Noam Chomsky)는 "자연주의 심리학으로부터 얻는 것보다 사람들의 일상 활동에서 인간적으로 의미 있는 것을 훨씬 많이 배운다. 아마 앞으로도 언제까지나 그럴 것"이라고 말했다.

'영혼의 정화'에서 '수양(修養)'을 비켜 간 '마음의 행로'

지금까지 서양 철학에 동양사상에서와 같은 수양론 또

는 그런 전통이 있는지를 알아보기 위해 서양 철학사 전반에 흐르는 서양의 마음 개념 변천사를 살펴보았다. 결론적으로, 서양 고대 철학에서부터 영혼의 윤회 사상과 함께 영혼을 정화하는 수양의 개념이 발아했었다. 그러나 수양의 대상이 되는 '마음의 본질'을 직접 관찰하는 도구의 개발이나 '마음'을 방법론적으로 다듬는 일을 게을리했고, 중세에는 신앙과 이성의 관계 정립에 힘을 쏟느라 이성 이외의 마음 안쪽을 들여다보려 하지 않았고, 근대의 이성과 과학 만능 시대에는 이성의 무게에 눌리고 외부 대상을 좇는 자연과학적 방법의 기세에 밀려 마음을 향한 내성적 관찰이 무시되었으며, 과학만능주의가 심화된 오늘날에는 인간 심리 기제에 대한 자연과학적 탐구 방법을 추종함으로써 서양 철학에서 마음에 대한 수양론적 고려는 여전히 차단되고 있다.

그리스의 철학자들은 분명히 마음의 본질에 대해 관심을 가졌지만 그들이 마음의 '내성적 관찰(內省的 觀察)법'인 주의(注意)를 정제하기 위해 정교한 수단을 개발했다는 증거는 없다. 피타고라스학파나 다른 신비주의 학파 또는 유대교의 신비주의자들도 의식의 본질에 대해 논의를 했지만 그들이 의식 탐구를 위해 주의력과 집중력을 기르는 등의 구체적인 수양 기법을 개발했다는 기록은 없다.

중세 기독교 전통에서 초기 교부들은 신과의 합일을 위해 마음의 안정이 필요함을 깊이 깨닫고 있었다. 그러나 그들과 그 뒤의 중세 기독교 명상가들이 정신 사태 관찰을 위해 효과적인 주의력 훈련과 같은 수양법을 개발했다는 증거 역시 없다. 그 뒤 종교개혁을 거친 개신교에서는 원죄를 범한 인간의 영혼은 본질적으로 사악하며, 오로지 믿음만이 구원과 신을 만날 수 있는 유일한 방법이라고 강조함으로써 인간의 심리 탐구는 원천적으로 봉쇄됐다.

서양 철학의 수양론 부재는 근대 철학기에 확정됐다고 할 수 있다. 데카르트는 '더 이상 의심할 수 없는' '절대의 마음'을 발견하여 마음에 대한 구조적 이해의 단서를 마련하고서도 이를 한낱 외물(外物) 또는 물질에 상대되는 대대(待對)의 존재로 추락시킴으로써 마음의 활동성을 표층에 한정시켰다. 칸트는 경험적 세계가 심층의 보편적 의식 일반이 그 보편적 형식(시 · 공간)과 범주에 따라 구성한 현상이라고 생각하여 심층의 마음 활동을 의식하고

서도 '초월적 자아'는 자신을 대상화하여 직관할 수 없기에 스스로를 인식할 수 없다고 단언해 버렸다. 마음을 더 이상 깊이 구조적으로 보기를 포기한 셈이다.

칸트 이후 독일 관념론자들은 인간에게 감각적 직관 외에 지적 직관이 있음을 주장하며, 초월적 자아를 절대 자아(피히테)나 절대 주체(셸링) 또는 절대정신(헤겔)으로 논하면서 그에 근거하여 관념론 체계를 완성해 간다. 그러나 독일 관념론을 만들어 가는 과정은 외재적 대상을 상대로 한 인식론의 문제였지, 역시 내성적 속성의 심성론 분야와는 거리가 멀었다. 현대 철학의 비트겐슈타인(Ludwig J. J. Wittgenstein, 1889~1951)은 세계를 보는 나는 '보여진 세계 속의 나'와는 다른 '형이상학적 자아'라고 부르고, 세계를 보는 눈은 눈 자신을 볼 수 없으므로 우리는 이 '형이상학적 자아'에 대해 알 수 없다고 주장했다. 그 역시 동양사상 수양론의 활동 무대인 '마음의 여지'를 부인해 버린 셈이다.

근대 철학에서 현대 철학에 이르는 사이에는 앞에 말한 바와 같이 이성과 자연과학의 범람으로 인해 인간 마음에 대한 수양론적 고려가 발을 붙이지 못했다. 수양론은 심성론에서 출발한다. 인간의 마음을 어떤 구조로 파악하느냐에 따라 마음의 한계를 극복하려는 노력과 방법이 수양론으로 나타나기 때문이다. 서양 철학은 이러한 전제를 기피했다고 할 수 있다.

서양 철학의 수양론 부재 현상은 오늘날까지 이어져 자연과학에 기반한 인지과학이 인간 심리 연구를 담당하면서 인간의 마음이 하나의 '외적 대상'처럼 자연과학적 탐구 대상이 됨으로써 수양론적 접근은 배제되고 있다. 이로 인해 인간의 덕성 문제는 윤리학이나 교육학의 과제로 넘겨져서 '진리를 향한 마음의 내성적 각성과 체인'이라는 수양의 본모습보다는 외적인 행동 실천과 규제를 통한 가치의 실현이라는 윤리적 행위 또는 타의적 가르침에 의한 인간 행동의 바람직한 변화라는 교육의 형태로 반영되고 있을 뿐이다.

그렇다고 해서 서양에 동양사상 수양론과 같은 정신세계가 전혀 없다고 할 수는 없다. 그리스 철학 후기 신플라톤주의자 플로티노스의 유출설은 기독교 신비주의의 수양론적 기제로 이어졌다고 할 수 있다. 즉, 서양 철학 초기의 수양론이 훗날 종교 영역의 수양론 또는 명상론으로 전변(轉變)된 것이다. 14세기 후반 영국의 익명의 사제(司祭)가 저술한 『무지의 구름(The Cloud of Unknowing)』에 나오는 '관상(觀想) 기도'와 16세기 수도원 수녀 '아빌라의 테레사(Teresa of Ávila)'가 남긴 『내면의 성(城)』에 나오는 '영적 여정'이 그것이다.

『무지의 구름』은 '인간 영혼이 어떻게 신에 대한 직접적인 앎을 가질 수 있는가'라는 핵심적 문제를 관상 기도라는 '수행법'을 중심으로 다루고 있다. 『무지의 구름』에서 저자는 "신을 포함한 궁극적 존재 또는 진리는 우리의 지적인 탐구로 완전하게 파악될 수 없기에 '무지의 인식'으로써 연결되어 비로소 하나가 됨으로써 알 수 있다."라고 주장한다. 신과 나 사이의 격절(隔絶)을 이루는 이 '무지의 구름'을 통과하는 것은 관상 기도를 통해 신이 무지의 구름 사이로 보내 주는 빛을 접하는 일이다.

이는 플로티노스가 주장한 '유출설'에서 영혼이 '혼의 정화'를 통해 고향인 '일자(神)'와 합일한다는 논리와 비슷하다. 또 '무지의 인식'이란 도가의 설인 무지의 지(無知之知)의 개념과 유사하다. 즉, 관상 기도는 육체적 감각에서 비롯되는 모든 잡념을 제거하여 '망아(忘我)'의 경지에 들어서 직관(直觀)의 바탕을 마련하는 '좌망(坐忘)'과 흡사하다.

『무지의 구름』의 관상 기도는 의식의 변형을 유도하여 신비적 합일의 의식 상태(Mystical State of Consciousness)에 도달하는 기법이다. 자력으로 의식 변형을 유도하여 궁극의 경지에 도달한다는 점에서는 동양사상의 수행(수양)과 다를 바 없다.

『무지의 구름』은 플로티노스의 '유출-정화'라는 지성적 신비주의 경향과는 달리 '신에 대한 사랑과 은총'이라는 종교성을 지향한다. 그러나 신적 은총을 강조하면서도 저자는 신의 은총을 구하기 위해 영혼이 끊임없이 노력해야 한다는 점을 강조한다. 관상 기도 과정에서 영혼의 의도적인 노력과 신의 은총이 조화롭게 이뤄져야 한다는 것이다. 이 관상 기도의 과정은 초기 기독교부터 널리 활용되어 왔던 '정화-조명-일치(완덕)'의 3단계로 구분되는데, 이는『장자』『대종사』'남백자규(南伯子葵)와 여우(女偊)'의 우화에서 제시된 득도 과정인 '조철(朝徹) → 견독(見獨) → 영녕(攖寧)'의 원리와 흡사하다.

『무지의 구름』의 관상은 '정화 → 조명 → 일치'라는 전통적인 방식 외에도 '집중 → 비움 → 드러남'이라는 수행 과정의 변화에 초점을 맞춘 도식으로도 해석될 수 있다. 여기서 제시되는 수행의 방법은 특정 단어의 반복적 음송, 화두(話頭) 참구(參究), 시각적 이미지의 활용, 호흡을 세는 등의 '마음 집중법' 및 분별적 사고에서부터 자아 개념에 이르는 의식의 모든 내용을 '비우는' 방법들이다. 이러한 의도적인 집중과 비움의 노력을 통해 자신을 철저하게 비워 내 수용성을 극대화하면, 가려져 있던 마음의 층위가 자연스럽게 드러나서 이원적 분리가 하나로 통합되는 합일 체험이 발생한다는 것이다. 이는 도가가 마음을 비워 청기(淸氣)를 채움으로써 자연합일을 이루는 방법이나 불가에서 표층심리를 지워 아뢰야식에 도달하는 방법과 유사하다.

프랑스 현대 철학자 미셸 푸코(Michel Foucault, 1926~1984)는 서양의 고대 사유와 문화에서 중요시됐던 '자기 인식'과 '자기 배려' 및 거기에 관련된 모든 기술들이 잊히게 된 이유를 그리스도교 금욕주의의 윤리적 역설, 자기 기술들 대부분이 오늘날 서구에서는 교육과 교습 및 의료와 심리학적 테크닉에 통합되어 버렸다는 사실, 인간과학들이 자기와 자기가 맺는 가장 중요한 과제가 본질적으로 인식의 관계여야 한다고 전제한다는 사실, 사람들이 자신들이 해야 할 바가 자신의 숨겨진 현실의 베일을 벗기고 해방시키고 발굴해야 한다고 생각한다는 사실들 때문이라고 말했다. 그는 서구의 사유체계에서 중세 철학과 현대의 실존주의 및 심리 관련 학문의 타율적 과학주의에 묻혀 버린 수양론의 계발 필요성을 역설하고 있다.

동양사상의 신(神), 서양 종교의 'The God'

끝으로 동·서양의 신(神, god) 개념을 비교해 본다. 한자로 번역할 때는 같은 '신(神)'이지만 동양의 신(神)은 자연과학적(기론)·심성론적 개념이고, 서양의 신(god)은 인격적 절대자이자 신앙의 대상으로서 종교적 개념이다. 이런 구별은 일차적으로 동양사상이 자연과학과 종교성을 포괄한 넓은 범주인 것과 달리 현대 서양 철학이 종교는 물론 자연과학 등 여러 분과 학문으로 나뉘어 있는 차이에 기인한다. 동양사상에서 '신(神)'은 기(氣)가 '정 → 기 → 신'의 단계를 거쳐 최고로 고도화된 것으로서 '묘

(妙)'라는 작동성을 발휘하여 우주 만물에 통하고 미치어 자연합일 · 전일화(全一化)의 효과를 낳는다. 이런 신의 작동 모습을 '신통묘용(神通妙用)'이라 하고, 이를 줄여서 '신묘(神妙)'라고 한다. 도가의 수양과 양생은 이 신묘를 기제로 삼는다. 유가 수양의 교기질(矯氣質), 불가 마음구조의 장식(藏識)과 이를 바탕으로 한 불가 수행 원리에도 신묘의 의미가 들어 있다.

이에 비해 서양의 신(god)은, 그 자체는 신성불가침이자 인지(人智)적 이해나 자연과학적 원리로 가닿을 수 없는 종교적 영역이다. 그러나 그 신을 영접하여 만나기 위한 기도 등 정신적 노력이나 육체의 금욕적 수련은 동양사상 유 · 불 · 도가가 신묘(神妙)의 원리로써 이루고자 하는 수양(양생, 수행)과 목적이 같다고 할 수 있다.

여기서 '종교(宗敎)'와 'religion'의 어원을 살펴볼 필요가 있다. 중국에서는 원래 불교를 '불가(佛家)'라 했고, 그 안에 천태종 · 화엄종 · 선종 등 종파가 창시되어 각각의 가르침을 '종교(宗敎)'라 했다. '불교(佛敎)'라는 말은 일본에서 메이지(明治, 1868~1912) 시대에 쓰이기 시작하여 한자문화권에 퍼지게 되었다. 동시에 영어 'religion'의 번역어로 '종교'라는 말이 전용(轉用)되면서 거꾸로 불교가 그 속에 포함되어 오늘에 이르고 있다. 즉, '불가의 한 종파의 가르침'에 해당하는 정도의 의미를 가진 말이 religion의 번역어가 되면서 이윽고 천태종 · 화엄종 · 선종 등 원래의 '종교'들인 불가 전체를 포함하는 용어로 전도(顚倒)된 것이다.

원래 religion은 're(다시)+lig(묶다)+ion(명사형)'으로서 라틴어 relegere(다시 읽고 생각하다. 새로운 선택을 위하여 과거를 되돌아보다)에서 온 말로 성찰 · 반성 · 집중 · 일상 속의 신의 발견(신과의 재접속) 등의 의미가 있다고 한다. 동양사상의 입장에서 보면 '종교'란 사상적 분파의 가르침이면서 그 바탕에 인간의 본래성 또는 자연성의 회복 · 합일 · 재결합을 시도하는 성찰 · 집중 · 반성 등 수양론적 함의를 공유하는 것이라고 할 수 있겠다.

동양사상가 남회근(1918~2012)은 "형이상학적으로 본성을 말하는 것은 유가나 도가나 서양 종교나 철학이 모두 부처님 손바닥을 벗어나지 못한다."라면서 도가의 내단은 불가의 이성을 실현하기 위한 공부라고 설명한다. 독일 철학자 페터 슬로터다이크(Peter Sloterdijk, 1947~)는

『너의 삶을 바꿔야 한다』에서 종교란 '자기수련(수행)'의 외피로서, 죽음이라는 궁극의 위협으로부터 자신을 보호하기 위해 이 죽음을 다스리는 종교적 체계, 즉 자기수련의 체계를 만들어 낸 것이라고 말한다. 그는 나아가 기후온난화라는 '전 지구적 차원의 위기'에 대한 '자기수련적 공동대응'을 말하고 있다.

3

도(道),
동양사상 수양론의 키워드

❀

동양사상인 유가(儒家)·불가(佛家)·도가(道家)사상 모두에는 도(道)라는 개념이 들어 있다. 유가사상에서는 근본 텍스트인『주역』이 천도(天道)에서 인도(人道)를 도출해 내는 내용인 것을 시작으로 사서삼경이 모두 인도(人道)의 실천에 목표를 두고 있다. 도가사상은 일찍이 동양사상의 '우주 운영의 원리'에 관한 자연과학적 원리인 '기론(氣論)'을 도입하여 사상의 명칭 자체를 '도가(道家)'라 하였다. 불가 사상에서는 붓다의 깨달음 내용이자 수행론인 사성제(四聖諦)를 고(苦)·집(集)·멸(滅)·도(道)라 하고 거기에 도(道)를 두었다. 이는 도(道)가 수양언어라는 점에서 동양사상이 근본적으로 수양론임을 알려 준다.

동양사상에서 '도(道)'의 개념은 도가사상에서 창시되었다. 그래서 명칭이 '도가(道家)'인 것이다. 도가사상은 자연주의이다. '자연(自然)'은 '스스로 그러함'이니 도가의 도는 '본래의 스스로 그러한 상태'에 대한 존재론적 지칭이면서 '본래 스스로 그러한 상태'에 이르고자 하는 방법론적 염원으로서 수양론의 의미를 함유하고 있다. 이러한 도가의 도(天道) 개념은 『주역』이라는 텍스트와 함께 유가에 도입되어 방법론적 개념이 강한 '인도(人道)'를 낳았다. 불가 사상의 경우 중국에 들어올 때 불교 용어들이 도가의 개념을 빌리는 격의불교(格義佛教) 시기를 거치면서 방법론적 개념이 더욱 굳어진 사성제(四聖諦)의 도(道) 개념으로 확립되었을 것이다.

도가의 도를 좀 더 들여다보자면, 『도덕경』 제1장에 "도는 무엇이라고 서술하면 진정한 도가 아니다(道可道 非常道)."라 했고, 제25장에 "어쩔 수 없이 '도'라고 이름 지었다(强字之曰道)."라고 했다. 이어 "사람은 땅을 본받고 땅은 하늘을 본받고 하늘은 도를 본받고 도는 자연을 본받는다(人法地 地法天 天法道 道法自然)."라고 했다. '道法自然'이 말해 주듯이 도가의 도는 한마디로 '자연의 존재 형식과 운행 법칙'에 대한 지칭이다. 그것이 '이러저러하다'

라는 한정적 서술이 아니라 자연의 '스스로 그러한' 양태 자체를 일컫는 용어로서 다른 방법이 없어 억지로 붙인(强字之曰) 이름이다. 이처럼 도가의 도는 존재론적 의미를 갖는다. 또 '人法地'는 결국 '人法道', '人法自然'이 되므로 도가의 도에는 인간이 자연의 일부임을 확인하고 자연과 하나 되기를 지향하는 수양론적 의미가 들어 있다.

도가사상은 『장자』에서 본격적으로 수양론으로서 펼쳐지지만, 노자는 이미 『도덕경』 제37장에서 "인위적으로 하지 않아도 행해지지 않음이 없다(無爲而無不爲)."라는 말로써 통치 및 수양의 원칙을 밝혀 놓았다. 『장자』에서 언급되는 심제(心齊) · 오상아(吾喪我) · 허실생백(虛室生白) 등의 의미는 마음에서 일체의 인위적인 생각을 비우고(心齊), 나라는 자의식까지 버리고(吾喪我), 완전한 비움(虛室)의 자연 상태가 되면 그 자리에 저절로 밝음이 자리한다(生白)는 것이다. 그렇게 하여 자연과 전일화하는 것, 즉 '자연합일'이 도가 수양론의 목표이자 도가사상의 궁극적 목표이다.

도가사상은 동양사상의 과학적 기제(機制)인 '기(氣)' 개념을 가장 먼저 '매질(媒質)'의 개념으로서 도입하였다. 도가의 수양은 나의 심신(의 濁氣)을 비워 그 자리에 우주의 청기(淸氣)가 들어오게 하는 것이다. 다도(茶道)의 경우 도가적 다도는 다신(茶神)이 우주의 청기로서 음다인의 심신으로 이입되는 것으로 수행된다.

도가의 도가 '자연 원래의 모습과 작동 양상'에 대한 지칭으로서 '천도(天道)'라고 한다면, 성리학(性理學) 교과서인 『주역(周易)』과 『중용(中庸)』에서 추출된 유가의 도는 그 천도를 본받아 인간 생활 질서 유지의 원칙을 세우는 것으로서 이를 '인도(人道)'라 한다. 그래서 『주역』의 모든 괘사(卦辭)에는 "象曰(大象傳에 이르기를) … A 君子以(또는 后以) … B" 형태의 괘사 풀이가 달려 있다. 여기서 A는 천도이고 B는 인도이다. "(사회지도층인) 군자(또는 치자인 임금)는 천도(A)를 본받아(以) 인도로 삼는다(B)."는 것이다. 유가는 어디까지나 현실 인간세의 원만한 운영(經世)을 중시한다. 그래서 이 경세의 원리로서 천도에서 본받아 온 것이 인도이다.

공자의 가르침을 바탕으로 한 『중용』에서는 "天命之謂性 率性之謂道 修道之謂敎"라 하였다. '천명'은 '하늘의 명령'으로서 '천도'를 의미하는데, 그것이 선한 성품으로서 인간의 마음에 들어와 있는 것이 '성(性)'이고, 이 인간의 마음에 들어와 있는 선한 천도(性)를 따르는 게 '도', 즉 유가의 '인도'이다. 그러나 그 길을 쉽게 좇을 수만은 없기에 길을 다듬고 닦아서(修道) 쉽게 따르도록 제시해 놓은 준칙들이 '교(教)', 즉 주자의 주석에 따르면 예악(禮樂)과 형정(刑政) 등이다.

주희는 『중용』 주석에서 "率은 따름이고 道는 路와 같다. 사람과 물건이 각각 그 性의 自然을 따르면 일상생활하는 사이에 마땅히 행하여야 할 길이 없지 않으니, 이것이 이른바 道라는 것이다."라고 했다. 주희는 또 성(性)에서 정(情)을 세분하여 중화(中和)를 설명함으로써[1] 솔성(率性), 즉 도(人道)의 속성을 풀이하였다.

- 희로애락은 정이요, 이것이 발하지 않은 것이 성이니, 편벽되고 치우친 바가 없으므로 중이라 이르고, 발함에 모두 절도에 맞는 것은 정의 올바름이니 어그러지는 바가 없으므로 화라 이른다(喜怒哀樂, 情也. 其未發, 則性也. 無所偏倚, 故謂之中. 發皆中節, 情之正也. 無所乖戾, 故謂之和).

1 喜怒哀樂, 情也. 其未發, 則性也. 無所偏倚, 故謂之中. 發皆中節, 情之正也.

『중용』에서는 “중화가 지극하면 천지가 자리를 잡고 만물이 길러진다(致中和 天地位焉 萬物育焉).”고 하여 인간과 치자(治者)의 감정 조절 문제를 중시하였다. 이것은 곧 수양의 문제이다.

수양(修養)은 ‘수심양성(修心養性)’의 준말로 유가에서 주로 쓰는 말이다. 마음에 묻은 세상사의 때를 닦아 천명으로써 마음에 부여된 선한 천성을 발현시키자는 의미이다. 유가의 성(性)은 불가의 불성론(佛性論)에서 영향을 받아 송대 성리학의 한 개념으로 등장한 것이다. 불가의 불성은 깨달음의 대상이지만 유가의 성은 깨달을 수는 없는 것이어서 마음의 때를 닦아 내거나 때가 끼지 않도록 마음을 단속하여 그 안에 들어 있는 성이 보전 · 발현되도록 하는 것을 수심양성(修心養性) 또는 존심양성(存心養性)이라 한다.

유가에서 일반적으로 쓰는 수양이라는 말은 성을 발현시킨다는 의미이니 『중용』에서 말하는 ‘솔성(率性: 성을 따름)’과 의미가 유사하다. 솔성은 곧 ‘도’이니 수양은 도(道)의 의미를 갖는다. 수양의 구체적인 방법, 즉 수도(修道)에 대하여 주자는 『중용장구(中庸章句)』의 주(註)에서 “성인이 사람과 물건이 마땅히 행하여야 할 것을 인하여 品節(등급, 제한)하여 천하에 法이 되게 하셨으니 이것을 일러 敎라 하니, 禮樂과 刑政 같은 등속이 이것이다."라고 했다. 즉 예악과 형정을 준수하는 것이 수도(修道)이자 수양의 구체적인 방법이라는 말이다. 여기에서 유가의 수양론은 수동적 · 강제적 · 교육적 측면이 강함을 알 수 있다.

예악(禮樂)의 준수가 수양의 한 양상이라는 점에서 이를 공자가 말한 인(仁)에 연계시켜 생각해 볼 수 있다. 공자의 논리에 따르면 인(仁, 公心)에서 의(義: 공적 기준의 정당함)가 나오고 의의 표현이 예(禮)이다. 공자의 수양론은 '극기복례(克己復禮: 이기심을 자제하여 예악을 회복함)'이다. 이렇게 볼 때 차를 내고 마시는 행위 '다례(茶禮)'는 차로써 예를 준수하고자 하는 것으로서 유가의 차 수양법이라고 할 수 있다.

다례가 아닌 다도를 유가적 수양론으로 해석하자면, 앞에서 말한 감정 절제의 문제로 정리된다. 성리학에서 정(情)은 기(氣)가 발하는 것(氣之發)이다. 따라서 '감정의 절제'는 마음의 기(心氣)의 발동을 조절하는 일인데, 이를 다도와 연계시켜 생각하자면 유가의 다도는 차가 지닌 청기(淸氣)인 다신(茶神)이 음다를 통해 심신에 이입되어 심신의 기의 발동을 이상적인 상태(中和)로 유지시켜 주도록 하는 일이라고 할 수 있다.

도가의 도가 '천지자연의 운행 원리'로서 '자연이 운행되는 길(路)'의 의미를 갖는다면, 유가의 도는 도가의 도를 본받아 '인간이 일상생활 하는 사이에 마땅히 가야 할 길'이다. 이에 견주어 불가의 도는 인간과 자연이라는 경험 세계를 초월하여[2] '궁극적 근원으로 가는 길'이다.

불교의 연기설(緣起說)은 우주론 및 본체론을 부정하므로 생명 및 현상 속의 '나(我)'는 연기(緣起) 중의 '가아(假我)'에 불과하다. 불교의 목표는 이 '가아' 상태를 벗어나 궁극적으로 '진아(眞我)' 상태의 자유를 찾는 것이다. 불가의 도는 이 세상의 '생명 및 현상'에 대한 부처님의 관찰이자 주장인 '사성제(四聖諦)'에 들어 있다. 사성제는 고(苦)·집(集)·멸(滅)·도(道)이다. '고(苦)'는 이 세상이 고통으로 차 있다는 의미이며, '집(集)'은 그 고통의 원인이 인연의 집적(集積)이라는 것이다. '멸(滅)'은 고(苦)로 인한 고통과 집(集)으로 인한 속박이 모두 사라진 해탈과 열반

2 이를 '탈세간(脫世間)'이라 한다.

의 상태, 즉 진아(眞我)의 구현이다. '도(道)'는 그런 멸(滅)에 이르기 위한 '수행(修行)의 길'로서 그 종착지는 무명(無明)으로부터의 '깨달음'이다.

이른바 '깨달음(覺)'이란 '혼미하지 않다'는 의미이다. 깨달음은 '계(戒) · 정(定) · 혜(慧)'로 이루어진다. 계는 행위의 약속을, 정은 선정(禪定) 공부, 즉 의지의 단련을, 혜는 생명과 세계에 대한 진상(眞象)을 깨달아 아는 것을 가리켜서 한 말이다. 이 삼자가 합성하여 '정각(正覺)'을 달성한다. 다시 이것을 나누면 팔정도(八正道)가 된다. 이처럼 불가의 도는 가아(假我)가 진아(眞我)로 나아가는 '초월적 상승의 과정'으로서 바로 '수양(수행)의 문제'이다.

불가의 수행과 다도의 관계를 말하자면 '다선일미(茶禪一味)'라는 말을 예로 들 수 있겠다. 불가 사상에서 '향(香)'은 '해탈(解脫)'을 상징한다 하여 '해탈향'이라고도 한다. 불가에서 말하는 '다선일미'는 차와 더불어 하는 참선수행에서 차는 차향으로써 해탈의 길로 인도하고 선 역시 명상을 통해 해탈의 길에 들게 하니 차와 선이 같다는 의미이다.

여기서 유 · 불 · 도의 도(道) 및 수양(修養)을 주체(主體)

의 측면에서 살펴보자면, 유가의 주체는 현실 세계에서 강건하게 움직이는 것을 근본으로 삼는다.[3] 그 주체성(주체 자유)은 현실 세계(현상계)에서 펼쳐지는 것으로서, 자신과 대상을 직접 교화하여 이룩한다는 수양론적 덕성(德性) 생활 및 문화 질서 위에 발을 붙이고 있다. 도가의 주체성은 소요(小搖: 아무 목적의식 없이 노님)를 근본으로 삼는다. 그 기본 방향은 단지 만상(萬象)을 관상(觀賞)하여 그 주체 자유를 스스로 보호하는 것이다.[4] 불교의 주체성은 정렴(靜斂: 고요함에 수렴함)을 근본으로 삼는다. 그 기본 방향은 사리(捨離), 해탈(解脫)이므로 그 교의(敎義)는 무량법문(無量法門)을 건립하여 기틀(機)에 따라 베풀어서 만유(萬有)를 거두어들이는 데에 발을 붙이고 있다.

이러한 불교의 주체성은 유학이 긍정하는 것과 근본적으로 다르다. 불교는 소승의 삼법인(三法印)과 사제관(四諦觀)에서 반야공의(般若空義) 및 유식(有識)의 식변(識變)이론

3 『주역(周易)』 「대상전」의 건괘(乾卦) 괘상 풀이에 "천행건(天行健), 군자이자강불식(君子以自强不息)", 즉 하늘의 운행은 굳세고 힘차거니, 군자는 그것을 본받아 스스로 강해지고자 끊임없이 애쓴다고 하여 덕성(德性)의 불식(不息) 관념을 제시하였다.

4 노사광 저, 정인재 역, 『중국철학사-한 · 당편』, 탐구당, 1990년, 355쪽.

에 이르기까지 이 환망(幻妄)의 현상세계를 철수하는 것(捨離)을 위주로 삼지 않는 것이 없다. 이는 도가가 단지 스스로 소요(逍遙)를 보존하여 '관상(觀賞)'할 뿐, 만상을 거두어들일 수 없는 것과는 또 근본적으로 같지 않다.

이로 말미암아 우리는 단연 한 가지 점에서 같은 것에 근거하여 마침내 유학과 불학은 같은 곳으로 돌아가며, 또는 불교와 도가는 다르지 않다고 생각할 수는 없다. 그러나 단지 불교는 두 가지 관점에서 중국 본래의 철학사상 또는 가치관의 영향을 받은 바 있다. 하나는 덕성(德性)의 자유 관념이고, 또 하나는 덕성의 불식(不息) 관념이다.

여기서 도가와 불가 사상을 비교해 볼 필요도 있겠다. 앞에서 식초단지의 초를 맛본 노자는 달다고 하고 붓다는 쓰다고 한 것에서 극명한 대조를 볼 수 있듯이 불교와 도가는 생명의 근저적인 예지를 지향한다는 점에서는 차이가 없지만 아무래도 불교는 해탈의 종교였다.

- 이 해탈의 가르침을 자연주의적인 도가의 용어로 해석해 봐도 무언가 석연치 않음을 당시(중국 불교 도입기)의 불

교학승들은 절감하고 있었다. 도가의 철인들은 어떠한 인위적인 손질에도 오염되지 않은 천지자연의 흐름 속에 자신들을 해방시키고 유원(幽遠)한 유무궁(遊無窮)의 세계로 나아가기를 꿈꾸었다. 그러나 불교는 인간 존재에 대한 철저한 반성을 바탕으로 번뇌와 생사윤회로부터의 해탈을 추구하는 '종교'였다. 불교는 인간의 어두운 숙업(宿業)과 완전히 개화(開花)된 심법(心法)의 세계를 동시에 응시하는 철인(哲人)들의 종교였을 것이다. 인류의 대표적인 이 두 예지가 나눈 대화가 바로 격의불교였다.[5]

이상 살펴본 바와 같이 동양사상 유(儒) · 도(道) · 불(佛)은 각각 층위를 달리하는 '도' 개념을 갖고 그에 부응하는 수양론을 펼치고 있다. 유가의 도는 현실의 원만한 운영(經世)을 위한 '인간의 길'이고, 도가의 도는 현실과 인간세의 고달픔을 벗어나기 위해 가는 '자연의 길'이며, 불가의 도는 '인간세와 자연'이라는 세간(世間)에서 해결 불가능한 정신적 근원의 문제를 해결하기 위해 가는 '출세간 초월의 길'이다. 그런데 수양의 주체인 인간에게는 이

5 일지, 『중관불교와 유식불교』, 도서출판세계사, 1992, 65쪽.

세 개의 길이 보완적으로 모두 필요하다. 즉, 인간세 · 자연 · 초자연을 관통하는 '인간세 → 자연 → 초자연'의 층위 상승적 유 · 도 · 불가의 수양론은 유구(悠久)한 세월 각기 필요에 따라 우리의 현세적 삶의 의미를 짚어 주고 초월적 경지로 인도하는 이정표 역할을 하고 있다고 할 수 있다.

4

기(氣), 동양사상 수양론의 현철(賢哲)한 기반

❀

서양 철학은 종교와 분리되어 있고 이성을 사용하여 진리를 탐구한다. 동양사상은 철학과 종교를 한 범주에 안고 있어서 '철학 대 종교'라는 이분법적 명칭으로 불리지 않고 '사상'이라는 포괄적 이름을 갖는다. 동양사상에서 '참(眞)'을 찾는 주요 방법은 '마음의 눈'으로 보고 기(氣)로 듣는 '직관(直觀)'의 소통(疏通)이다. 이때 그 소통의 매개 역할을 하는 것이 정신적 · 물질적 질료로서의 '기(氣)'이다. 서양 철학이 자연과학을 하나의 분과로 두고 있다면, 철학과 종교가 한 몸인 동양사상에서 기는 궁극적 근원을 구성하는 자연과학적 기체(基體)이면서 초월적 세계와 교섭하는 질료로서 종교적 원리이기도 하다. 이런 탓에 기는 동양사상 유 · 불 · 도가가 각각 '인간세-자연-

초월'의 차원에서 공유하는 존재론적 · 인식론적 근본원리이다.

동북아사상사에서 기론(氣論)은 역학을 포함한 모든 사상의 자연과학적 근간이 되어 왔다. 역(易)이 복희씨와 문왕 등 특정 통치자들에 의해 목적성을 띠고 창제되었다면, 氣 개념은 오랜 생활의 지혜로서 자연 발생적으로 발아되어 선대의 삶과 사유 체계에서 작동하면서 확장돼 왔다. 氣 개념은 제자백가의 한 유파인 음양오행가에 의해 자연과학적으로 세분되었고 '오운육기(五運六氣)'의 의학적 원리로 확장되었다. 한편으로 도가사상, 특히 노자의 사상과 융합되면서 우주적 본체인 道를 구현시키는 존재론적 기제로서 학문적 체계를 갖추기 시작하여, 『장자(莊子)』에서는 생사를 결정하는 질료이자 '경지(境地)'를 지향하는 수양론의 매체로 작동하였고, 유가에서는 송대 성리학이 형성되는 과정에서 여러 논의를 거쳐 학술적으로 다듬어지고 理 개념이 더해져 이기론(理氣論)으로 확장 정리되었다.

불가 사상에 있어서는 중국 위진남북조 시기에 불교(중국불교)가 크게 발전하면서 불교학자들이 삼교 간의 논쟁과 융합 과정에서 氣 범주를 흡수하여 개조하였다. 남조 시대에 발생한 신불멸론과 신멸론의 논쟁에서 혜원(慧遠, 334~416)은 "'신(神)'이란 무엇인가? 정(精)이 지극해져서 영(靈)이 된 것"이라고 하여 氣論의 입장을 취했고, 혜사(慧思, 515~577)는 『제법무쟁삼매법문(諸法無諍三昧法門)』에서 사념처관(四念處觀)을 논하면서 관상(觀想)과 관련된 참선법으로 기식(氣息)을 언급했다. 여기서 기식은 불교에서 참선 수련 때 선정에 들어가는 기공으로 도교 내단수련의 행기태식법(行氣胎息法)과 비슷한 것이다. 이때 氣는 이미 '기식(氣息)'의 함의로써 불교 사상 안으로 융합되어 들어왔음을 알 수 있다.

혜원은 '삼매(三昧)'를 논하면서 "…생각을 고요히 한다 함은 氣를 비우고 신(神)을 밝게 한다는 것이다. 氣가 텅 비면 지혜가 그 빛으로 가득하고 神이 밝으면 어떤 어두운 것도 다 뚫어 본다. … 그러므로 마음을 안정되고 공경스럽게 하여 사물에 감응하여 신령스러움에 통하고 마음을 제어하여 바르게 하면 움직임이 반드시 은미한 데로 들어간다."[1]고 하였다. 氣가 텅 비고 神이 밝은 것은

1 『廣弘明集』 권30.

관조(觀照)의 방법으로서 『장자』에 나오는 '허실생백(虛室生白)'의 원리와 같은 것이다. 여기서 불교의 기 개념은 도가사상의 기 개념과 교류하면서 종교적 차원으로 의미가 확장돼 가고 있음을 알 수 있다.

- 기는 이미 우주의 구성 물질에서 관조 방법이나 참선 수련의 입정(入定) 공부로 변화하였다. 이것은 기 범주가 원기론에서 종교의 방향으로 전환된 것으로, 중국 철학사에서 새로운 내용이 첨가되어 풍부해진 것을 의미한다.[2]

理와 氣는 11세기를 전후하여 북송대(北宋代)에 장재(張載), 이정(二程: 정명도와 정이천 형제), 주희(朱熹, 朱子) 등에 의해 본격적인 철학 개념으로 등장하여 학문화되지만 고대의 기록인 『시경(詩經)』이나 『주역(周易)』에서 그와 관련된 원형적 사유 경향이 발견된다. 氣는 동양사상의 다른 개념들과 마찬가지로 서양식 자연과학적 관찰과 실험을 통해 밝혀진 것이 아니라, 선대의 기적(氣的) 직관들이 모여 찾아내고 후대의 직관들이 검증해 낸 결과물이다.

2 장입문 주편, 김교빈 외 옮김, 『기의 철학』, 예문서원, 2012년, 222쪽.

동양사상 사유체계만이 발견해 낸 氣는 물질과 정신, 존재론과 인식론을 넘나들며 존재와 인식의 포섭, 인간과 자연의 합일을 가능케 하는 매개적 질료로서 동양사상이 서양 철학에서와 같은 '형상과 질료', '정신-물질' 관계의 이원론적 난제를 겪지 않도록 하는 매우 편의적인 기제이다.

氣는 형이상학적이고 이론적인 개념인 동시에 현상학적이고 신체적인 개념이다. 氣를 추구하는 이들 가운데 氣를 형이상학적 이론으로서 대하는 사상가들이 있는가 하면, 氣를 실질과 실체로서 다루는 한의학 분야와 동양 예술 분야가 있는 것은, 氣에 이러한 양쪽 측면의 특성이 있음을 말해 준다. 무엇보다도 氣는 우주를 가득 채우고 있는 우주적 생명력으로서, 만물에 깃들어 있는 에너지이고, 만물을 살아 움직이게 하는 생명주(生命主)이며, 인간에게는 우주와 통하는 신통력(神通力)인 정신(精神)으로 들어와 있는 존재이다. 이 때문에 동양사상에서 氣는 몸을 주재(主宰)하는 마음의 질료로서 수양의 원천이 되어 왔다.

理가 불변의 원리라면 氣는 변화를 원리로 삼는다. 만

물의 '질료'인 기의 변화로써 만물이 각각 다른 모습으로 생성되기도 하며, 또 소멸하여 하나의 氣로 복귀하기도 한다. 기는 또 '精 → 氣 → 神'의 단계로써 층위적 변화의 모습을 보이기도 한다. 이를 이용한 전형적인 장면이 내단 수련의 과정이다. 우주의 청기(淸氣)를 호흡으로 들여와 몸 안의 精으로 변화시키고(練氣化精), 이 精을 다시 명상을 통해 몸 안의 선천기(炁)로 강화하고(練精化炁), 이 炁를 神으로 고도화하여(練炁化神), 神이라는 이 우주적 생명력이 다시 원천인 태극으로 돌아가도록 하는 것(練神還虛)이다.

氣가 변화의 원리 위에 있고, 정신과 물질, 몸과 우주를 이어 주는 매개적 질료라는 점에서 氣論은 동양사상 수양론의 이론적 출발점이자 그 바탕이다. 서양 철학사가 '이성(로고스)'과 '감성' 개념의 대립사라면 '理'와 '氣'는 동양사상사에서 그와 같은 관계를 이루어 왔다. 그런데 자연을 대상으로 '앎'이 시작됐고 외재적 대상의 진실한 실재를 그대로 인식함을 목표로 하는, 즉 인식과 존재의 일치를 지향하는 서양 철학에서는 '이성'을 그 일을 가능케 하는 매개자로 삼아 중시해 왔다.

따라서 이성은 세상의 불변하는 이치를 파악하는 '본유 관념'으로 받아들여졌고, 그렇기에 이성 자체는 변할 수 없는 것이다. 서양 철학에 수양론이 없는 것은 마음의 핵심적인 요소를 이성으로 보고 그것에 의한 객관적 진리 탐구에 매달려 왔기 때문이다. 서양 철학에서 이성 외의 감성 따위는 '영혼의 감옥'인 육체가 발하는 이성의 장애 요인이어서 '정화'의 대상이었다.

이와는 달리 동양사상은 理와 氣에 우열을 두지 않고 각자의 역할을 인정한다. 理는 불변의 원리이지만 氣는 '가변의 질료'로서 운동하고 변화하는 특성을 갖는다. 동양사상 수양론은 마음을 고양시켜 진리를 파악하는 방법론이기에 마음의 활동성의 바탕인 心과 그 질료인 氣를 중시한다.

- 중국 사상사에서 기 개념은 자연발생적으로 형성된 것으로 이해되었다. 기 개념이 널리 쓰이고 이른바 '기론'이 사유 체계로서 보편화된 것은 전국 시대 중엽 이후이고 한대 초에는 거대한 우주론으로서 정립되었다. 기 개념은 사상적 경향과 무관하게 동북아적 세계관의 기저를 흐

르고 있는데, 이는 그 핵심 국면에서 도가사상과 한 덩어리를 이루면서 전개되었기 때문이다. 이는 천하통일의 맥락과도 연계된다. 전국시대가 무르익는 과정에서 천하통일의 분위기가 무르익었고, 이는 각종 사상의 종합이라는 시대적 요청을 불러왔다. 사상의 종합은 존재론적 사유, 즉 사유에서의 보다 '추상적인 틀'이 요청된다. 동북아 사유에서 이 보편적이고 추상적인 틀을 제공하는 것이 바로 도가 철학, 특히 노자의 철학이다. 그렇기 때문에 천하통일에 임박해서 제자백가가 종합될 때 도가 철학이 그 전체적 틀로서 역할을 했던 것이다. 그리고 기학/기철학의 체계화도 바로 이런 맥락과 맞물려 진행되었다고 할 수 있다.[3]

氣 개념은 선진 시대까지 사물의 구체적이고 역동적인 현상을 말하는 육기(六氣), 음양(陰陽), 혈기(血氣) 또는 우주적 에너지 현상을 추상적으로 말하는 정기(精氣), 신기(神氣) 등의 이름으로 논의돼 왔다. 이후 전국 시대 말 제나라 직하학파를 통해 제자백가의 교류가 활발해지면서

3 이정우 지음, 『세계철학사2』, 도서출판 길, 2017, 173~174쪽.

기 개념이 종합되었고, 이런 흐름을 타고 이후 氣 개념은 『관자』에 취합되어 몸과 마음 다스림(治身과 修養) 및 나라 다스림(治國)의 원리로까지 확장되었다.

특히 한대(漢代) 초기에는 황로 사상이 각광을 받아 氣論은 우주론과 연계된 치신(治身)·치국론(治國論)으로 응용되는 기반이 되었다. 한대 초 황로 사상의 氣論은 『관자』, 『황제4경』, 『회남자』 등에 담겨 있다. 이 가운데 『관자』 4편[4]은 이른바 '精氣論'으로서, 마음의 수양이란 마음을 비워서(虛) 고요하고(靜) 전일하게 하여(一) 우주의 청기를 받아들임으로써 자연과 합일하는 것이라는 주장을 담고 있다.

『관자』 4편의 수양론 개념은 '허(虛)·정(靜)·일(壹)'의 원리를 채택한 순자의 수양론 및 '양기(養氣)'와 '호연지기(浩然之氣)' 개념을 제시한 맹자 수양론과 기적(氣的) 원리를 공유한다. 특히 『장자』에서는 여러 우화를 통해 氣의 원리가 도가 수양론의 근간을 이루었다. 또한 윗글에 언급된 대로 동북아 사유에서 도가 철학이 보편적이고 추

4 『관자』 중 「心術」 상·하, 「白心」, 「內業」 등 4편을 말함. 주로 氣에 의한 마음의 수양 등 精氣論으로 되어 있다.

상적인 틀을 제공하여 동북아 사상의 중심축이 됨으로써 도가사상에 융합된 氣論, 특히 『장자』에서 수양의 원리로 채택된 氣論은 동북아 사상의 수양론적 주류로 자리하게 되었다.

- 장자는 어째서 자신의 철학 체계에 기(氣)라는 개념을 끌어들였을까? 우선 무위무형(無爲無形)의 도(道)가 구체적이고 형체가 있는 만물을 만들어 내는 과정에서 하나의 과도 상태가 필요했기 때문일 것이다. 그다음으로, 장자는 만물을 동일한 것으로 간주할 것을 강조하는데, 그러려면 물질세계 안에 만물 공동의 기초가 필요했기 때문일 것이다. 그 밖에 장자는 사물의 상호 전화(相互 轉化)를 강조하는데 그러려면 일체의 운동 변화 과정을 관철하는 개념이 필요했기 때문일 것이다. 이러한 요구에 적합한 개념은 반드시 유형(有形)일 수 있으면서 무형(無形)일 수 있고, 운동할 수 있으면서 응취(應聚)할 수 있고, 위로는 道에 도달할 수 있으면서 아래로는 사물에 통할 수 있어야 하는데, 이런 개념으로 氣가 있을 뿐이다.[5]

5 리우샤오간 씀, 최진석 옮김, 『莊子哲學』, 소나무, 1998, 129쪽.

동양사상 수양론에서 氣는 좀 더 구체적인 모습으로 드러난다. 유가에서는 일찍이 공자가 신체의 혈기와 관련하여 수양론적 언급[6]을 하였고, 맹자는 양기(養氣)와 호연지기(浩然之氣)의 논리로써 기적(氣的) 수양론을 펼쳤다. 송대 성리학에서는 장재의 氣論을 바탕으로 주희가 "천리(天理)가 기질에 떨어져 기질지성을 이룬다. 그러니 기질지성과 독립된 본연지성이 있을 수 없다."고 말하여 이기론이 심성론과 수양론으로 연역되었다.

- 장재(張載)의 '원기본체론(元氣本體論)'은 중국 고대 철학사상에 있어서 하나의 중요한 이정표를 세웠다. … 그의 '태허무형(太虛無形)', '기지본체(氣之本體)'의 사상은 그의 전체 학설을 관철하고 있으며, 특히 '천지지성(天地之性)', '기질지성(氣質之性)' 이론과 그의 '건곤부모(乾坤父母)', '민포물여(民胞物與)'설은 더욱 구체적이고 체계적으로 그의 분체론을 구현하였다.[7]

6 孔子曰 君子有三戒 少之時 血氣未定 戒之在色 及其壯也 血氣方剛 戒之在鬪 及其老也 血氣旣衰 戒之在得.(『논어』『계씨(季氏)』)

7 賴永海(라이용하이) 著, 金鎭戊 譯, 『불교와 유학』, 운주사, 2010, 47~48쪽.

그런데 주자는 다른 한편으로 "인간의 순수한 도덕적 본성을 기질이 흐려 놓았다."고 얼핏 보기에 엇갈린 주장을 펴서 기질지성과 본연지성과의 관계에 혼란을 초래하여 논쟁의 발단을 야기했다. 그로 인해 발생한 논쟁이 조선 시대 퇴계와 기대승 간의 '사단칠정론'이고 퇴(退) · 율(栗) 간의 '이기이원론(理氣二元論, 이기호발설 · 理氣互發說)'과 '기일원론(氣一元論)'의 대립이다.

조선 전기 서경덕에 의해 정립된 조선 기론은 율곡의 '기일원론'으로 이어졌고, 조선 후기 최한기(崔漢綺)는 실학적 견지에서 새로운 기철학 개념인 '신기(神氣)론'을 주장했다.

- 최한기는 '몸과 욕구에 대한 일방적인 억압을 해소하고 마음과 몸의 조화를 추구하는' 기제로 자연과 인간을 통괄하는 '神氣' 개념을 상정하여, 마음과 몸의 이분법적 도식을 벗어나고자 하였다. 그에게 무엇보다 중요했던 일은 '내부 세계(형질의 기)와 외부 세계(천지 유행의 기)의 소통', 즉 이 세계의 인식과 실천을 가능하게 하는 '몸'의 중요성을 환기시켜, 몸과 마음의 조화를 추구하는 동시에

궁극적으로 인간과 자연의 통일적 관계를 지향하는 것이었다.[8]

최한기의 신기론은 氣에 대한 理의 주재성(主宰性)을 부정하고 氣를 중심으로 하면서도 氣와 理의 유기적 관계를 중시하는 입장이다. 여기서 理는 오직 운화(運化)하는 모든 사물들의 내재적 속성이자 생명체의 생명원리로서, 氣의 움직임에 의해서 모이고 흩어질 때에 그 움직임에 내재하는 氣의 작용 법칙일 뿐이다. 최한기는 전통 유학에 서양의 과학기술을 접목시켜 자신만의 독특한 기학(氣學)의 학문 체계를 재구성해 냈는데, 기학이 동양의 자연과학적 탐구로서 서양의 자연과학과 상통한다는 점에서 최한기의 기학은 서양의 자연과학적 기법을 응용하여 기론의 합리성을 강화하고자 한 것으로 보인다.

도가의 氣 개념에는 양생술에서와 같은 육체적 · 정신적 맥락이 함께 들어 있지만 기를 개개의 마음과 우주적 마음의 연결고리로 보는 우주론적 맥락이 강하다. 불교

8 손병석 외 12인, 『동서 철학 심신관계론의 가치론적 조명』, 한국학술정보, 2013, 239쪽.

윤회설의 이론적 기초도 氣論이라고 할 수 있다. 유식불교에서 말하는 아뢰야식이나 거기에 함장(含藏)된 종자로서의 업력(業力), 그리고 그 업력이 윤회의 고리를 도는 모습은 각각 기와 기의 흐름(氣化)으로 해석될 수 있다. 불교에서는 무아(無我)와 윤회의 관계에 대한 이론적 구성이 난제였다. 무아인데 어떻게 윤회가 가능한가? 이에 대한 대답이 업(業, Karma)의 상속이다. 전생의 행위의 영향이 계속 상속된다면 신체(身體)와 육식(眼·耳·鼻·舌·身·意)의 깊은 어딘가에 심리적인 윤회의 주체가 잠재해 있어서 윤회의 사이클에 영향을 주는 것이라고 상정한 것이다.

- 카르마(業, Karma)를 저장하고 있는 기체(基體)의 상정은 일단 윤회의 주체에 대한 탐구가 도출해 낸 논리적인 귀결이었다. 업이란 정신적인 것도 물질적인 것도 아니다. 이것은 현대적으로 일종의 에네르기라고 할 수도 있다. 즉 빛은 에네르기와 동시에 광입자로서 어느 정도의 물질성을 가지고 있다. 업의 영향에도 어떠한 실체적인 사물성을 부여함으로써 여러 가지 현상(특히 輪廻)의 설명이

용이하게 된 것이다. 그러므로 육식(六識)의 깊은 곳 어딘가에 근본적인 상속심(相續心)이 존재한다는 상정이 가능하게 된 것이다. 이와 같은 사고의 다양한 흐름들이 모아짐으로써 아뢰야식설이 성립하게 된 것이다.[9]

- 세계를 형성하는 에너지를 불교는 업력(業力)이라고 부르고, 유가나 도가는 氣라고 부른다. 유식은 업력을 과거 업의 습(習)이 남긴 기운이란 의미에서 '습기(習氣)'라고도 하고, 업의 결과로서 새로운 보(報)를 산출하는 공능(功能)이라는 의미에서 '종자(種子)'라고도 한다. 불교에 따르면 이 세계는 종자 에너지가 현행화(現行化)한 결과이다. 현행화는 비가시적 에너지의 파동이 구체적 형태로 가시화되는 것, 파동이 입자화되는 것을 뜻한다. 도가적 방식으로 표현하자면 기가 집취하여 질화(質化)되고 형화(形化)되어 물체로 등장하는 것이다. 이에 따르면 우리가 의식하는 가시적 현상세계의 만물은 표층에서 보면 각각 별개의 개별 물체로 나타나지만, 심층에서 보면 그러한 개별적 실체성은 환(幻)이고 공(空)이며, 일체는 서

9 一指 저, 『중관불교와 유식불교』, 도서출판 세계사, 1992, 199쪽.

로 분화되지 않고 하나로 공명하는 에너지의 흐름으로 존재한다.[10]

기론의 관점에서 동·서양의 신(神)의 개념을 생각해 볼 수 있다. 동양사상에서 '神'이라 함은 氣가 최고로 고도화한 상태로서 만물과 상통하는 힘(神通力)을 갖는 것이다. 신통력이 작동하는 모습을 '신묘(神妙)'라고 한다. 동양사상 수양론은 누구나 수양을 통해 신묘의 상태에 이를 수 있음을 일러 준다. 즉 동양사상에서는 누구나 수양을 통해 '神'의 상태에 도달할 수 있다. 동양사상 유(儒)·불(佛)·도(道)에서 말하는 '마음'의 구조에는 공히 氣의 요소가 이를 이론적으로 뒷받침한다. 이런 맥락에서 동양의 神은 종교와 철학의 공동 영역에 들어 있고, 동양에서 종교(宗敎)는 '으뜸 가르침'이라는 불교의 언어로서 가르침과 배움의 연마 과정을 통해 神에 도달할 수 있다는 학문성을 내포하고 있다.

서양의 神은 유일 인격신으로서 종교적 개념이고 영성에 기반한 기도로써 영접 또는 합일하는 대상이다. 그런

10 한자경 지음, 『심층마음의 연구』, 도서출판 서광사, 2018, 231~232쪽.

데 서양의 '종교(Religion)'는 라틴어로 '다시'라는 뜻의 're'와 '묶다'는 뜻의 'lig'가 합쳐진 것으로 '다시 합쳐지다'라는 합일(合一)의 의미를 갖는다. 이 합일을 가능하게 하는 것은 영성에 의한 기도로써 설명되지만, 그 기제를 좀 더 세밀하게 분석한 것이 동양사상의 氣가 아닌가 생각된다. 이렇게 보면 동 · 서양의 모든 神 개념은 각각 다른 문화 · 사상적 환경에서 시각을 달리하여 본 것일 뿐 같은 대상 또는 같은 개념적 기제가 아닌가 생각된다.

기론은 이처럼 동양사상 전반에 걸쳐 있고 동양사상 수양론의 기반이 되어 왔다. 이러한 기론과 수양론의 관계, 즉 氣에 의한 마음 수양의 장면은 선현들의 다도론(茶道論)에서도 발견된다. 다도는 동양사상 수양론의 특징적인 면모로서 茶라는 자연물을 매질로 삼아 자연의 정신(생명력)과 만나는 수양법이다. 다도에서는 차를 마심으로써 마음이 정화되는, '물질의 정신화'라는 기제가 작동한다. 이때 차는 물질 경계에서 정신 경계로 전환되는 것인데, 이는 물질과 정신의 경계를 넘나드는 氣의 '전화(轉化) 작용'으로써만 설명될 수 있다. 이러한 차의 기능을 두고 한재 이목(李穆, 1471~1498)은 『다부』에서 '오심지차

기론의 시각으로 본 동양 사상의 마음구조

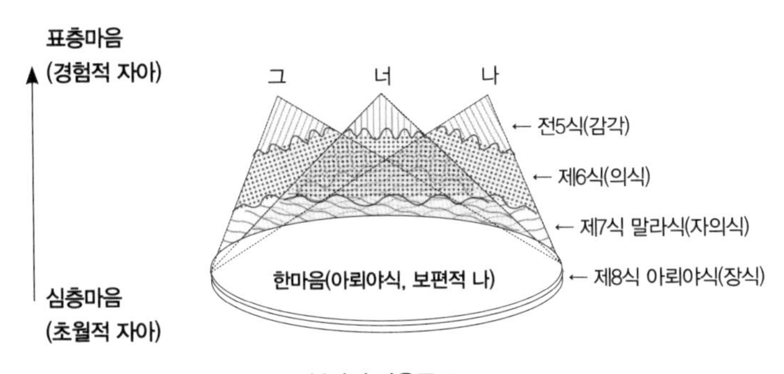

불가의 마음구조

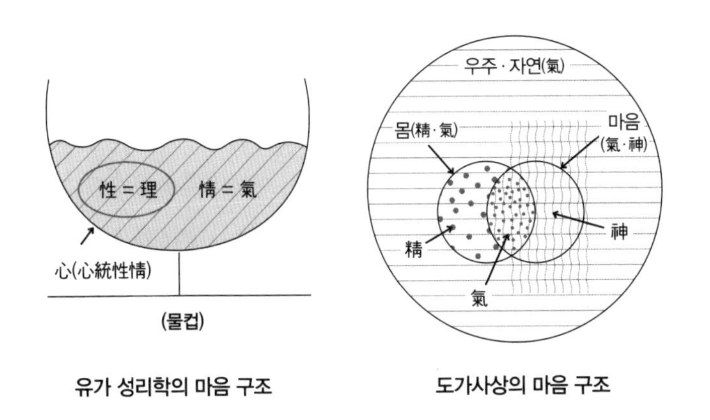

유가 성리학의 마음 구조

도가사상의 마음 구조

(吾心之茶)'라고 일컬었다. 초의 선사의 차시(茶詩) 「봉화산천도인사차지작(奉和山泉道人謝茶之作)」과 한재(寒齋)의 「다부」의 한 대목을 예로 들어 기론에 입각한 한국 다도의 수양론적 기제를 살펴보자.

● 「奉和山泉道人謝茶之作」

古來賢聖俱愛茶 예로부터 성현은 모두 차를 아꼈나니 / 茶如君子性無邪 차는 마치 군자 같아 성품에 삿됨 없다 / 人間艸茶差嘗盡 세상의 풀잎 차를 대충 맛을 다 보고서 / 遠入雪嶺採露芽 멀리 설령(雪嶺) 들어가서 노아차(露芽茶)를 따 왔다네 / 法製從他受題品 법제하여 품질을 잘 가려내서 / 玉壜盛裹十樣錦 옥그릇에 갖은 비단 감싸서 담았다네 / 水尋黃河最上源 황하의 맨 위 근원 그 물을 찾고 보니 / 具含八德美更甚 여덟 덕을 두루 갖춰 더욱더 훌륭하다 / 深汲輕軟一試來 경연수 깊이 길어 한차례 시험하자 / 眞精適和體神開 참된 정기 마침맞아 체(體)와 신(神)이 열리누나 / 麤穢除盡精氣入 나쁜 기운 사라지고 정기(精氣)가 들어오니 / 大道得成何遠哉 큰 도를 얻어 이룸 어이 멀다 하리오 / 持歸靈山獻諸佛 영산(靈山)으로 가져와서 부처님께

올리고 / 煎點更細考梵律 차 달임 더욱 따져 범률(梵律)을 살피었네 / 閼伽眞體窮妙源 차의 진체는 묘원에 닿아 있고 / 妙源無着波羅蜜 묘원은 집착 없는 바라밀(수행길 또는 피안)일세 / 嗟我生後三千年 아! 나는 삼천 년이 지난 후에 태어나 / 音渺渺隔先天 물결 소리 아득해라 선천(先天)과 막혔구나 / 妙源欲問無所得 묘한 근원 묻자 해도 물을 곳이 없어 / 長恨不生泥洹前 부처님 열반 전에 나지 못함 참 한탄스럽네 / 從來未能洗茶愛 이제껏 차 사랑을 능히 씻지 못하여서 / 持歸東土笑自隘 우리 땅에 가져오니 속 좁음을 웃어 본다 / 錦纏玉壜解斜封 옥그릇에 비단 둘러 빗긴 봉함 풀어서 / 先向知己修檀稅 지기(知己)에게 먼저 보내 단세(檀稅)를 바치구려

- 「茶賦」

기뻐하며 노래하네(喜而歌曰) / 내가 세상에 태어나 풍파가 모질구나(我生世兮風波惡) / 양생에 뜻한다면 널 두고 무엇을 구하랴(如志乎養生 捨汝而何求) / 나는 널 지니고 다니며 마시고 넌 나를 따라 노니나니(我携爾飮 爾從我遊) / 꽃피는 아침 달 뜨는 저녁 즐겁기만 하고 싫지가 않네

(花朝月暮 樂且無斁) / 옆에 마음이 있어 삼가 말하네(傍有天君 懼然戒曰) / 삶은 죽음의 줄기요 죽음은 삶의 뿌리(生子死之本 死者生之本) / 心만을 다스리다가 밖(몸)이 시들어서(單治內而外凋) / 혜강은 양생론을 지어 어려운 실천을 하고자 했다네(嵇著論而蹈艱) / 어찌(曷若) / 지수에 빈 배를 띄우고(泛虛舟於智水) / 인산에 좋은 곡식을 심는 것과 같겠는가(樹嘉穀於仁山) / 신명이 기를 움직여 묘경에 들게 하니(神動氣而入妙) / 즐거움은 꾀하지 않아도 저절로 이르네(樂不圖而自至) / 이것이 바로 '내 마음의 차'이거늘(是亦吾心之茶) / 굳이 다른 데서 즐거움을 구하겠는가(又何必求乎彼也)

「奉和山泉道人謝茶之作」에서 "나쁜 기운 사라지고 정기(精氣)가 들어오니(麤穢除盡精氣入) / 큰 도를 얻어 이룸 어이 멀다 하리오(大道得成何遠哉)"라고 한 것이나 「茶賦」에서 "신명이 (내 안의) 기를 움직여 묘경에 들게 하니(神動 氣而入妙)"라고 한 것은 모두 氣의 수양론적 역할을 말한 대목으로서, 향(香氣), 색(氣色: 차탕색), 맛(氣味)의 세 가지로 구성된 차의 氣를 우리 심신의 '나쁜 기운'을 정화하여 득도의 경지(묘경)에 이르게 하는 정기(精氣)로 본 것이다. 차의 정기가 우리 심신에 들어와 잡념, 사념, 번뇌 등 나쁜 기운을 닦아 내고 마음 수양의 문을 열어 준다는 것이다. 여기서 선현들의 다도 수양론이 기론에 입각해 있음을 여실히 알 수 있다.

5

불가(佛家)의 수행(修行)

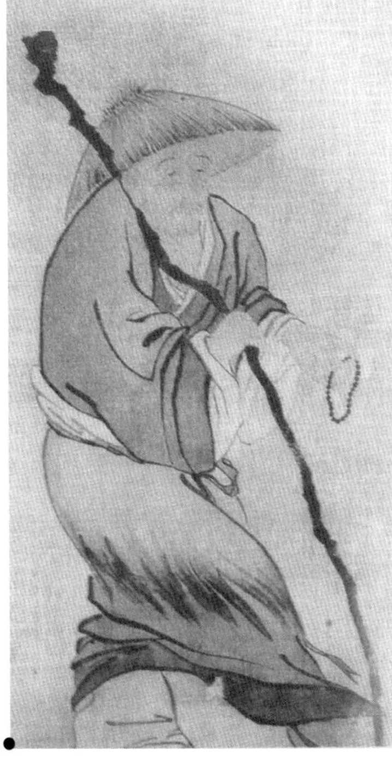

초의선사 : 조선 후기의 선승(禪僧).

※

불교는 마음의 철학이자 종교이다

동양사상에서 수양 또는 수행이란 본질적으로 마음을 닦는 일이다. 동양사상에서 마음에 관한 가장 깊은 탐구는 불가 사상에서 찾아볼 수 있다. 불교에서 말하는 윤회나 해탈은 마음에서 일어나는 일이다. 즉 '마음의 윤회', '마음의 해탈'이다. 불가의 생사초월이라는 것도 육체적 생사의 초월이 아니라 마음에서 생사에 대한 두려움 등 번뇌를 극복한다는 말이다. 불가 수행의 목적은 이 세상을 그려 내는 근원적인 마음을 깨달아서 마음에 새겨진 각종 번뇌와 분별심을 걷어 낸 그 마음으로 있는 그대로인 나와 세상의 참모습(眞如)을 여실(如實)하게 보아 삶과 세상을 순조롭고 아름답게 영위하자는 것이다.

불가 사상에서는 객관적인 실재 또는 질료에 바탕한 우주론이 없고 마음이 세계를 그려 낸다고 본다. 따라서 세계의 근원인 마음을 파악하는 것이 세상의 참모습을 보는 길이다. 불교에서 말하는 삼계(三界)[1]는 공간적이거나 지역적인 세계를 의미하는 것이 아니라 인간의 정신적 상태를 가리키는 표현이다. 또 부처의 깨달음 내용인 '12연기(연기법)'[2]도 오직 마음에서 일어나는 일이다.

'심층마음'을 깨닫는 불가의 수행론은 동양사상 수양(행)론 가운데 가장 치밀하다. 불교 사상 자체가 궁극적으로 마음에 관한 탐구이자 마음을 닦는 일에 관한 이론과 실천을 기술한 것이라고 할 수 있다. 불가 사상은 붓다가 수행을 통해 마음에서 깨달음을 얻은 일에서 비롯된다. 따라서 붓다의 말씀인 불교 사상은 애초부터 수행론이라고 할 수 있다. 이는 유가의 수양론이 공자보다 훨씬 후대인 송대 성리학에서 본격 도입 · 정립된 것, 도가

1 욕계(欲界: 감각적 욕구의 세계), 색계(色界: 형태, 존재에의 집착이 남아 있는 세계), 무색계(無色界: 순수 정신의 세계). 여기서 界란 공간적 · 지역적 세계를 의미하는 것이 아니고 인간의 정신적 상태를 가리키는 말이다.

2 무명(無明)에서 노사(老死)에 이르는 우리들 개개인이 처해 있는 일련의 생존 상태.

의 수양 · 양생론이 도가의 창시자인 노자의 『도덕경』에서보다는 『장자』에서 비롯되고 다듬어진 것과 비교된다.

불가의 인식론과 존재론 및 수행론이 마음의 일임을 알려 주는 것으로서 『화엄경』의 「야마천궁품(夜摩天宮品)」과 「십지품(十地品)」에 다음과 같은 두 송(頌)이 있다.

- 心如工畫師 畫種種五陰 一切世界中 無法而不造
  마음은 그림 전문가여서 갖가지 오온을 그려 내니 이 세상에 짖지 않는 존재가 없다.[3]

- 又作是念 三界虛妄 但是心作 十二緣分 是皆依心
  또한 이런 생각을 갖자. 삼계는 허망하니, 다만 마음으로 지어낸 것이라. 12연기도 모두 마음에 의한 것이다.[4]

불가 사상의 진화

불가 사상의 마음 탐구는 시대의 흐름에 따라 마음 작용인 인식과 존재에 관한 생각이 바뀌고 새로 쌓이면서 많

3 『華嚴經』, 「夜摩天宮品」

4 『華嚴經』, 「十地品」

은 변천이 이루어졌다. 이 과정에서 마음에 관해 상충하는 주장도 더러 등장하였다. 이 점은 도가와 유가사상의 마음에 관한 관점이 고정돼 있거나 일관된 방향으로 진전돼 온 것과 비교되면서 불가의 이론 및 심성론 이해를 어렵게 하는 지점이기도 하다. 따라서 궁극적으로 마음에 관한 학문이자 종교인 불가 사상이 마음 탐구를 중심으로 어떤 진화 과정을 거쳐 왔는지 살펴볼 필요가 있다.

불교이론에서 석가모니가 말한 교의는 '원시교의', 이에 입각한 불교활동을 '초기불교'라 한다. 석가가 열반한 지 약 100년 뒤 교도(敎徒)는 상좌부와 대중부 등 많은 교파로 분열되어 각기 異說을 주장하였다. 이를 '部派佛敎(아비달마불교)' 또는 소승불교라 한다. A.D. 2~3세기경 용수(龍壽, Nagarjuna)가 '중관(中觀)' 및 '공론(空論)'을 확연히 밝혀서 '대승교의(大乘敎義)'의 시기에 들어갔다. A.D. 4세기에 무착(無着, Asanga)과 세친(世親, Vasubandhu) 형제가 '유식론(唯識論)'을 건립하였다. 이것이 대승교의의 제2단계이고 유식론은 불가 사상의 마음 구조를 상세히 밝혀내는 업적을 남겼다. 이후 불교가 중국에 들어와 모든 이의 마음에 항구불변의 불성(佛性), 즉 '진상심(眞常心)'이 있음을 널리 밝히게 되었는데, 대승교의의 또 다른 계통이다.

불교는 으레 경(經)으로써 붓다의 가르침을 담고, 논(論)으로써 그 긍정 및 부정을 논증하였다. 각 경에 대한 논증에서 보이는 시각과 경·중의 차이가 이론적 충돌로 느껴지는 부분이 있으나, 이것들은 초기불교에서 드러난 붓다의 기본 가르침을 거스르는 것이 아니다. 아비달마불교(부파불교, 소승불교) 및 대승불교인 중관, 유식, 화엄, 정토, 선(禪)과 같은 여러 불교 사상은 서로 교리적 특질을 보완·수용하면서 불교라는 하나의 거대한 사상적·종교적 체계를 형성하고 있다. 현대의 불교 사상 역시 여러 가지 방법에 입각한 교리 해석의 전통을 함께 지니고 있다. 불교 사상의 본질은 결국 마음에 기인하는 인간의 삶에 대한 다양한 해석의 방법이 심화되고 발전되어 온 역사라고 할 수 있다.

- 불교에 있어서 굳이 정통이란 수식을 붙인다면 누가 더 핵심적인 붓다의 정신을 자신의 시대에서 생생하게 재생시켜 가는가의 문제일 뿐이다. 불교가 어느 특정 종파의

도그마만을 강요하지 않는 것은 인간의 존재 방식과 지능의 활동이 무한히 진화할 수 있다는 불교의 해방 지향적 생명관에서 비롯된 것이기도 하다.[5]

불교 사상의 각 단계별 변모 동인(動因)과 그 내용을 좀 더 상세히 살펴보자. 소승 및 원시교의는 모두 수행(修行)에 의하여 세상(生死)의 괴로움을 떠나 불생불멸의 진리를 깨우치는 일(離苦證果)을 목표로 삼는다. 그런데 여기에는 단지 주체 및 자아에 대한 감수권(感受圈: 자아인식) 및 그 해탈에 대한 관심과 설명만 있을 뿐, 대상계 자체에 대한 구조에 대해서는 논하기를 피했다. 이에 대승(大乘) 성공(性空)의 교(教)가 일어나 반야의 지혜(般若智)로써 일체법이 공(空)함을 꿰뚫어 보았다.

공(空)이란 '독립된 실재(獨立實有性)의 부정'을 의미한다. 곧 일체의 대상은 주체가 세운 가명(假名)이라는 것이다. 空은 실유(實有)를 부정하지만 결코 무(無) 또는 일반적인 뜻의 '없음(不存在)'을 가리키는 것이 아니다. 有도 아

5 일지, 『중관불교와 유식불교』, 도서출판 세계사, 1992, 82쪽.

니요 無도 아니므로 중도(中道)[6]라는 이름을 사용한다. 또 '유·무(有·無) 중도'의 관점에서 논하기에 중관(中觀)불교라 한다. 중관불교의 창시자 나가르주나(龍樹)는 『반야바라밀다경(般若經)』을 종지로 삼아 『중론(中論)』 및 『대지도론(大智度論)』을 지었다. 용수는 『중론』에서 '독립된 (객관) 실재의 주체성을 나타내는 술어[7]는 성립할 수 없다'는 의미를 '팔불중도(八不中道)'[8]로 표현했다.

6 중도(中道) 관념은 붓다 이론의 뼈대이다. 중도는 유가의 중용(中庸) 관념과는 의미가 전혀 다르다. 중도와 중용은 '상반된 대립의 구도에서 취하는 선택'이라는 점에서는 형식적으로 비슷하지만 그 '대립'의 내용이 다르다. 상반된 대립에는 '상대적 대립'과 '모순 대립'이 있다. '많다'와 '적다'는 상대적 대립이고, '있다'와 '없다'는 모순 대립이다. 중용은 상대적 대립의 중간을 취하는 것이고, 중도는 모순 대립의 양쪽을 지양한 제3의 선택이다. 중도에는 세 가지가 있다. 『가전연경』과 『아지라경』에서는 유무중도(존재가 있다는 유견과 없다는 무견을 극복하기 위한 길)와 단상중도(존재가 항상 하다거나 단절된다는 양 극단적 사고를 극복하기 위한 길)를, 『초전법륜경』에서 고락중도(극단적인 고락을 피하여 팔정도를 실천하는 길)를 설했다. 유무중도와 단상중도를 이론적 중도, 고락중도를 실천적 중도라 한다. 중도를 '연기'와 같은 의미로 쓰기도 한다. 이때는 연기의 내용이 두 극단을 떠남을 의미하다.

7 생멸(生滅: 나다, 사라지다), 상단(常斷: 한결같다, 끊어지다), 일이(一異: 하나로 같다, 다르다), 래거(來去: 오다, 가다)

8 불생불멸(不生不滅), 불상부단(不常不斷), 불일불이(不一不二), 불래불거(不來不(去). 생겨나지도 사라지지도, 한결같지도 끊어지지도, 한 가지로도 달리 되지도, 오지도 가지도 않는다.

공사상의 부작용을 치료하기 위한 마음의 불교, 유식사상의 출현

그렇다면 왜 나가르주나의 중관불교는 유식사상에 의해 극복되지 않으면 안 되었던 것일까? 중관파의 사상가들은 空의 체험보다는 공의 논증에 치우친 논리적 사고에만 열중하게 되었다. 그 결과 초기의 신선한 중관사상은 경직화되었으며 종교보다는 현학적인 철학을 낳게 되었다. 그런데 나가르주나는 그의 주저『중론송』에서 空의 논리적 해명에 중점을 둔 나머지 유심론적 사고를 충분히 반영하고 있지 않지만 그의 또 다른 저작『대승이십론송』,『육십송여리론(六十頌如理論)』에서 그의 유심설을 명백히 한다.

- 일체는 오직 마음의 현현인 것이며 / 헛된 모습으로 생성되어 있다.[9]

  진리는 무생 무아이며 / 지혜는 깨달음으로써 존재의 실성(實性)을 투시하는 것이다.

  상과 무상과 같은 차별 또한 모두 마음으로부터 일어난

9 『대승이십론송』

개념일 뿐이다.

만약 하나의 본질이 성립된다고 하더라도 / 그것은 물에 비친 달그림자와 같은 것이니 / 비실재 또는 실재하는 것도(非實非無實) / 모두 마음에서 일어난 개념일 뿐이다.[10]

이런 점에서 반야의 공사상은 대승불교 사상의 진수이며 유식사상의 골격이라고 할 수 있다.

불교는 종교와 철학을 겸한다. 현실의 고(苦)에서 어떻게 벗어날 것인가? 자아와 세계의 배후에 있는 궁극적 존재의 기원과 실재는 무엇인가? 불교는 이 종교적 · 철학적 문제의 해결을 위한 여정이라고 할 수 있다. 이 문제의 해결을 위해 불교의 철인(哲人)들은 유가(yoga, 瑜伽)라는 선정(禪定)의 수행에 전념했다. 그들은 겹겹이 쌓인 표층적 정신 작용을 모두 걷어 내고 자기 마음의 가장 깊은 곳까지 가 닿아 '심층마음'에 접하는 깨달음을 얻었다. 그 예지(叡智)를 철학을 넘어 종교로 승화시킨 결실이 유식사상(唯識思想)이다.

유식사상, 즉 유가행유식불교(瑜伽行唯識佛敎)는 중관불

10 『육십송여리론(六十頌如理論)』

교의 기본적 교의를 수용하는 동시에 초기불교 이래 계속 문제시되어 온 마음의 존재를 탐구하여 공사상에 더 아름다운 종교의 옷을 입히고 있다. 유식사상은 불교의 깊은 곳에 면면히 흐르는 유심적 사고를 수렴 · 발전시킴으로써 "모든 존재는 아뢰야식에서 지어진 것이다."라는 '아뢰야식'설을 제기하였다.

유식사상은 중관불교의 주장처럼 모든 것이 공(空)할지라도 그 공성(空性)을 세우는 이치는 반드시 있다는 전제에서 출발한다. 그 이치를 3자성(三自性)이라 한다. 이 3자성은 空 관념과는 다르지만 '일체법이 空하다'는 뜻을 어기지 않는다. 그러므로 空과 다르다는 면에서는 有이지만 대상적 의미의 有는 아니어서 '묘유(妙有)'라고 한다.

3자성이란 인식을 구성하는 정신의 3가지 내용으로서 의타기성(依他起性), 변계소집성(遍計所執性), 원성실성(圓成實性)이다. 의타기성은 '타(他)의 힘에 의지하여 생기(生起)되는 성질의 것'을 의미한다. 감각 · 지성 · 정서 · 사고와 같은 심적(心的) 활동이 의타기성이다. 변계소집성은 '두루 계산하여 대상을 인식하는 심적 활동(遍計所)' 또는 '심적 활동으로 인식되는 대상'을 말한다. 즉 개념화된 외계의 사물(境)이 실재한다고 상정(想定)하는 것이다. 이는 계산적 집착에 의해 구성되는 존재의 허망(虛妄)함을 말해 준다.

원성실성(圓成實性)은 '완성된 진실의 것'을 의미한다. 대상을 인식하는 경우, 인식은 인식주체의 활동으로서 주·객 이분법의 분별을 없애고 대상과 합일이 됨으로써 대상의 참모습을 일식할 수 있지만 대상으로서의 현상은 언제나 완성되어 있는 그대로의 참된 세계일 뿐이다. 따라서 궁극적 진실은 주체의 '무분별지(無分別智)'와 대상의 '진여(眞如)'라는 이원(二元)의 합일로 구성된다. 한마디로 원성실성이란 인식 주체와 대상의 관계성을 부정함으로써 현현(顯現)된 궁극의 진실이다. 이를 전문적 용어로 '이공소현(二空所顯)의 진여'라고 한다.

삼성을 장미꽃을 보는 경우에 비유하자면, 장미라는 물체(대상)로 인하여 생기는 감각, 그것을 장미라는 형태로 인식하는 지각, 그것이 어떤 색깔의 장미인가를 생각하는 사고 작용은 의타기성에 해당한다. 다음으로 '이것은 장미이다'라는 언어 개념으로 파악되는 장미는 변계소집성이다. 원성실성은 장미꽃에 집중하여 장미와 자아가

합일된 상태, 장미(대상)도 없고 바라보는 자도 없는 상태이다.

3성은 서로 무관한 것이 아니다. 3성은 유식사상의 유식무경(唯識無境)의 바탕 위에서 식(識)의 범주를 세 가지로 분류한 것일 뿐이다. 3성은 우리의 인식이 의타기성을 기반으로 하여 깨달음과 미혹의 세계를 전개함을 알려 준다. 의타기성에 변계소집성이 얹어지면 현실의 미혹의 세계로 가고, 의타기성에서 변계소집성이 제거되면서 깨달음의 세계로 나아가게 된다. 예컨대 '산은 산이고 물은 물이다'는 산 · 물이라는 대상을 주객 이분법적 관계에서 언어적 개념으로 포착하는 변계소집성이다. '산은 그 산이 아니고 물은 그 물이 아니다'는 산과 물이라는 대상이 감각에 투영되어 인식됨을 아는 의타기성으로서 '인연'을 파악하여 '깨닫지 못한 상태(변계소집성)'에서 '깨달음(원성실성)'으로 가는 중간 단계이다. '산은 진정 그 산이고 물은 진정 그 물이다'는 대상에 대한 주객 관계를 떠나 대상과 하나가 되어 산과 물의 참모습을 파악하는 원성실성이다.

3성설은 또 3무성(無性)설로 이어진다. 3무성은 3성이 어디까지나 가설된 인식 주체의 활동이라고 할 때, 인식 주체가 공(空)이라면 3성 또한 성립될 수 없다는 주장이다. 3무성은 변계소집성의 부정인 상무성(相無性), 의타기성의 부정인 생(生無性), 원성실성의 부정인 승의무성(勝義無性)이다.

유식사상이 성할 무렵에 여래장(如來藏) 사상[11]이 성립되어 두 사상의 교류가 아뢰야식과 여래장의 결합으로 나타났다. 이 양자의 결합은 『대승장엄경론』, 『십지경론』, 『불성론』에서 그 기원이 보인다. 특히 『능가경』에서는 여래장과 아뢰야식이 동일시되고 있다. 『대승기신론』은 여래장연기설(如來藏緣起說)을 제시하고 있다. 유식사상은 중국에서 지론종(地論宗), 섭론종(攝論宗), 법상종(法相宗)의 세 계통으로 진전됐다.

마음이 일으키는 윤회와 그 구조

불교의 진정한 목적은 우리가 현실에서 겪고 있는 모순과 갈등과 고통을 극복하기 위해 그 근본 원인과 해답(진리)을 마음에서 깨닫고, 이를 실천하여 모두가 행복하게

11 중생은 본래부터 여래가 될 수 있는 가능성을 갖추고 있다는 불교 교리.

살아가는 세상을 이룩하는 것이다. 위에 설명한 불가 사상의 변모 과정은 마음 탐구 및 그 '마음'에 담겨 있는 불성(佛性)이라는 불교적 진리를 깨닫기 위한 수행론의 진화 과정이라고 볼 수 있다. 따라서 불가 사상 자체가 궁극적으로는 수행론이고, 불가의 수행론 이해는 이러한 불가 사상의 진화 과정을 좀 더 세밀히 살펴보아야 가능하다.

불교이론의 총체적 내용은 붓다의 생시 설법 내용으로서 원시불교의 핵심 이론인 삼법인(三法印: 제법무아, 제행개고, 제법무상)과 사성제(四聖諦: 苦 · 集 · 滅 · 道) 및 연기법(緣起法)에 담겨 있다. 삼법인은 생명 및 현상에 관한 불교의 기본 입장을 나타내는 세 가지 관점이고, 사성제는 생명 및 현상을 관찰하는 것 외에 더욱 정면으로 주장을 제시한 것이다. 즉 삼법인은 (마음의) 각성의 필요성을 제기하고, 사성제는 각성의 이유와 방법을 더 적극적으로 제시하는 것으로서, 사성제는 삼법인을 전제로 실천적인 면을 강조하는 것이다. 불교를 수행론으로 볼 때 사성제는 붓다가 깨달은 불교의 진리인 연기법(12지연기)에서 도출된 것으로서 수행론 그 자체라 할 수 있다.

여기에서 연기법 · 삼법인 · 사성제의 관계를 살펴보자. 연기법의 의미는 이 세상의 모든 것('자아' 또는 '세계')은 인연 따라 생겼다가 인연 따라 사라지는 '허망한 생각들'이라는 것이다. 이 허망한 생각들은 한 찰나도 머물지 않는 무상한 것이다. 그래서 붓다는 "제행은 무상한 것이다(諸行無常)."라고 했다. 그러나 중생은 이 무상한 망념을 존재한다고 믿고 욕탐으로써 집착한다. 붓다는 "무상한 것을 존재로 믿고 집착하는 것은 모두 괴롭다(一切皆苦)."고 했다. 그런데 이 허망한 생각을 욕탐으로 모아 놓은 것들 속에는 독립된 실체가 있을 리 없다. 이를 두고 붓다는 "제법무아(諸法無我)"라고 했다.

위에 말했듯이 사성제는 삼법인의 좀 더 적극적인 해석이자 붓다가 발견한 연기법의 내용인 12연기를 집약한 것이라 할 수 있다. 12연기와 연계하여 먼저 사성제의 의미를 살펴보자. 고(苦)는 "생로병사(生老病死)가 괴롭다."는 의미이다.

- 생로병사는 괴롭다. 슬픔, 비탄, 고통, 금심, 불안은 괴롭다. 미워하는 이와 만남은 괴롭다. 사랑하는 이와 이별은

괴롭다. 원하는 것은 얻지 못함은 괴롭다. 즉 오취온(五取蘊)은 괴롭다.[12]

고성제의 핵심은 여기서 말하는 오취온이다. 오취온은 '붙잡고 있는 다섯 개의 덩어리(蘊)'라는 의미여서 "오취온은 괴롭다."는 말은 "다섯 개의 덩어리들을 붙들고 있기가 괴롭다."는 뜻이다.[13] 여기서 오온(五蘊)은 불교에서 말하는 색(色: 몸, 지각 대상), 수(受: 감정), 상(想: 이성), 행(行불: 의지), 식(識: 의식) 등으로서, '나(자아)' 또는 그런 자아의 대상으로서 인식되는 '세계'를 이루는 다섯 가지 요소들이고, '오취온'은 오온을 자아로 인식하는 경우의 이름이다. 붓다는 오온이 깨닫지 못한 상태인 무명(無明)에서 연기한 망상인데, 중생이 이런 사실을 모르고 오온이라는 망상 덩어리를 붙잡고 살아가기 때문에 생로병사의 괴로움을 겪는다는 사실을 깨달았다.

집성제(集聖諦)는 고성제가 이루어지는 원인을 밝힌 것이다. 붓다는 위에 말한 『쌍윳따 니까야』 56.11.(여래의

12 『쌍윳따 니까야』 56. 11.(여래의 말씀)

13 이중표 지음, 『불교란 무엇인가』, 불광출판사, 2019, 184쪽.

말씀)에서 오온을 붙들고자 하는 원인을 갈애(渴愛)라고 하였다. 끊임없이 자기 존재의 가능성을 추구하고자 하는 인간의 실존적 욕구를 갈애라고 한 것이다. 여기에서의 '갈애'는 12연기에서 '취(取)'의 조건으로 제시되는 '애(愛)'를 가리킨다. 집(集)은 곧 갈애에 의해 오취온이 모이는 과정, 즉 고통의 원인을 일컫는다.

- 십이연기에서 애(愛)를 의지하여 취(取)가 있다고 한 것은 오취온이라는 인간 실존의 원인이 갈애(渴愛)라는, 미래의 자기존재를 가능하게 하는 대상에 대하여 그것들을 애락(愛樂)하고 탐착(貪着)하는 우리의 욕망임을 지적한 것이다. 이 욕망에 의해 오취온이라는 망상 덩어리가 모이기 때문에 갈애를 집성제라고 한다. 갈애가 망상을 모아서 오취온을 성립시킨다는 것이다.[14]

멸성제(滅聖諦)는 불가수행의 목적지로서 열반(涅槃)을 의미한다. 열반은 연기하고 있는 모든 법(法: 불교에서 말하는 세상 모든 현상 및 존재)은 공(空)임을 깨달아 마음속

14 위의 책, 196쪽.

모든 망념(妄念)이 사라진 경지이다. 열반을 육체적 생사와 관련지어 말하자면, 열반은 육체적 생사에 대한 걱정과 두려움이 무명(無明)에서 비롯된 꿈같은 착각임을 깨달아 그 꿈에서 깨인 깨달은 마음으로 육체적 생사에 대한 착각을 극복하자는 것이다.

도성제(道聖諦)는 불가 수행의 목적지인 '멸성제에 이르는 길'로서 붓다가 『초전법륜경』에 밝힌 팔정도(八正道)를 가리킨다. 팔정도는 불가수행의 기본세칙으로서 모든 불가수행의 근본적 방법을 제시한 것이다.

사성제는 붓다가 깨달은 진리로서 붓다가 12연기법을 사유하면서 도출해 낸 것이다. 12연기는 '1무명(無明) → 2행(行) → 3식(識) → 4명색(名色) → 5육입(六入) → 6촉(觸) → 7수(受) → 8애(愛) → 9취(取) → 10유(有) → 11생(生) → 12노사(老死)'로서, 우리 마음에서 12가지 요인이 각각 앞의 원인(因)이 되어(緣) 뒤의 과(果)가 차례로 일어나는(起) 윤회의 고리를 말한다.

여기에서 의문이 생긴다. 삼법인 중 하나가 '제법무아'로서 자아가 없다는 것인데 12연기를 하는 주체는 무엇인가? 즉, 무아인데 어떻게 윤회가 이루어지는가? 무아와 윤회의 이론적 구성은 모든 시대 불교연구자들에게 주어진 아포리아의 하나였다. 주체적인 자아가 존재하지 않는다면 모든 살아 있는 것들은 죽음 뒤에 과연 어떻게 되는가? 이 문제에 대한 답은 업(業)의 상속이었다. 현재는 과거 행위의 결과이며, 현재의 행위는 미래의 생존을 결정한다. 부처 사후 이론적 고찰에 몰두하던 사람들(아비달마논사들)은 과연 업의 영향이 어느 곳으로부터 오는가에 대한 의문을 갖게 되었으며, 그 결과 업을 저장하여 상속하는 어떠한 심리적인 주체가 윤회의 사이클에 영향을 주는 것이라고 상정하기에 이르렀다. 업을 저장하고 있는 기체(基體)의 상정은 윤회의 주체에 대한 탐구가 도출해 낸 논리적인 귀결이었다.[15]

여하튼 제법무아의 '무아'는 깨닫지 못한 무명(無明)의 상태에서 '나'라고 착각하고 있으나 독립 실체성이 없는 '가아(假我)'를 말하는 것이고, 12연기의 주체는 주체성을 가진 정신적 '진아(眞我)'를 상정한 것이다. 이 '眞我'가 眞我임을 깨닫지 못하고 미혹(迷惑)에서 헤어나지 못한 無明의 상태에서 일으키는 게 12연기이고, 생 · 노사를 포함

15 일지, 『중관불교와 유식불교』, 세계사, 1992, 199쪽.

한 12연기는 곧 모두 진아가 '무명의 혼미한 상태'인 마음에서 일으키는 일이다. 즉 마음에서 생사를 비롯한 '세계'가 연기하는 것이다. 또 붓다는 12연기만 깨달은 것이 아니라 모든 법이 연기하고 있다는 것도 깨달았다.

여기서 12연기의 각 단계별 내용을 상세히 살펴보자. 사람의 육체 및 감각과 인지 활동 기능 화합물인 오온은 죽음의 순간 흩어지지만, 그 오온이 지은 업(業) 가운데 아직 그 결과(報)를 이루지 못한 업은 결과를 낳기까지 원인력(業力)으로서 아뢰야식에 종자(種子)로 남게 된다. 이 업력은 일종의 생명에너지이자 동양사상 기론에서 말하는 우주의 파장에너지로서 고도의 기(氣)인 신(神)[16]에 해당한다. 이 업력이 새 생명에 이입되기까지 영혼인 식(識, 아뢰야식[17])으로 있다가 자신과 잘 어울리는 남녀의 수정란 안으로 들어가 새로운 세상을 여는 종자가 된다.

그런데 이 과정은 인간이 미혹에 싸여 자신과 우주의 원리에 대해 무지한 무명(無明) 때문에 생기는 것이다.

16 업력은 '모든 업에 의해 훈습된 기운'이라는 의미로 습기(習氣)라고도 한다. '습기'는 불교용어를 한자로 옮긴 것으로서 동양사상 기론의 의미를 함축하고 있다. 이런 맥락에서 습기를 신기(神氣)라고 할 수도 있겠다.

17 유식불교의 마음 구조에서 제8식인 '심층마음'.

즉, 無明은 주체 활동의 한 상태로서 '자아의 혼미'를 가리킨다. 이는 주체에 대한 속박의 근원으로서 주체의 자유가 상실되기 시작하는 상태이므로 광명을 상실한 것에 비유했다. 무명으로 말미암아 행(行)이 생겨난다. 행은 자아 또는 주체가 혼미한 속에서 벌이는 맹목적 의지 활동이다. 행으로 말미암아 앞에서 말한 식(識)이 수정란에 이입되었다. 여기서 비로소 기본 인식능력이 착상 · 출현한 것이다. 이 인지주체는 동시에 '대상성'을 드러내는데, '이름과 형태'인 명색(名色)이 그것이다. 이와 같이 주객이 대립하는 가운데 인지능력(六入處-內入處)과 인지대상(外入處)이 다양화된다.

육입처는 마음 안에 '안 · 이 · 비 · 설 · 신 · 의'라는 감각 기능이 있다고 생각하는 것이지, 6개의 감각기관이 사실로서 실재한다는 의미가 아니다. 이를 마음 안에 있다고 하여 '내입처'라고 하고, 육입처의 감각 대상은 마음 바깥에 있다고 하여 이를 '외입처'라고도 한다. 그리고 둘을 합쳐 '12입처'라고 한다. 육입처에 이르러 완벽한 경험주체가 이루어졌고, 이어 경험 활동이 작동된다. 촉(觸)은 주체가 경험 대상을 접촉하는 것, 수(受)는 접촉으로 얻은 감수(感受), 애(愛)는 어떤 감수를 놓치지 않으려 하는 것, 취(取)는 그 애를 집착하는 것이다. 이 애와 취가 남기는 업력이 곧 다음 생을 이끌어 갈 새로운 업으로서의 존재인 유(有: 내세 삶을 위한 영혼, 즉 識의 형성)[18]이다.

12연기를 살피는 방법에 두 가지가 있다. 1에서 12까지 순차적으로 일어나는 과정을 살피는 것을 순관(順觀) 또는 유전문이라 한다. 이는 불교 또는 붓다가 말하는 '마음이 그려 내는 현상 세계에 대한 해석'이라고 할 수 있다. 그런데 불교의 수행은 12연기를 고(苦)가 이루어지는 과정(集)이라고 보고, 이 과정을 벗어나 번뇌와 고통이 없는 열반(滅)에 이르는 길(道)을 가고자 하는 것이다. 이 '초월적 상승'을 위해서는 자아(眞我)는 생(生) 및 노사(老死)의 순환 또는 윤회의 고리를 벗어나야 한다. 여기에서 수행의 과정이 필요하고, 이 과정을 앞의 순관인 유전문에 비해 역관(逆觀)인 환멸문(還滅門)이라고 한다. 환멸문이란 번뇌와 무명을 없애는 것, 즉 역관의 어느 과정에서 수행을 통해 윤회의 고리를 끊어 깨달음을 얻는 과정이다.

18 아뢰야식에 새로운 종자(업력, 습기)가 심어지는 일.

12연기는 대체로 삼세양중인과설(三世兩重因果說)로써 해석되고 있다. 삼세양중인과설이란 12연기를 '전세(前世)-현세(現世)-내세(來世)'의 세 과정으로 나누고, 無明(迷惑)과 行(迷惑에 따른 業)을 전세(因), 識에서 有까지를 현세(전세의 果), 生 · 老死를 내세로 보는 것이다. 또 현세의 識~有 가운데 識에서 受까지를 과거의 업(因, 즉 무명과 행)이 지은 현세의 과(果), 愛 · 取 · 有를 내세에 대한 과(生 · 老死)가 있게 하는 인(因)으로서 현세의 업(業)으로 본다. 따라서 생과 노사는 현세의 업이 짓는 내세의 과(果)이다. 여기에서 식 · 명색 · 육입 · 촉 · 수는 과거의 두 가지 원인(無明 · 行)에 의해 그 결과로 나타난 현재의 다섯 가지 삶의 모습(오온)이다.

중생은 이렇게 과거의 업(無明 · 行)에 의해 형성된 현세의 과(識)를 토대로 현세를 열고(六入), 현세의 삶에서 얻은 경험(觸 · 受)의 내용에 대하여 애탐(愛 · 取)을 일으켜 살아가면서 내세를 만든다. 이때 현세의 애와 취는 전세의 행(行)과 같은 것으로서 역시 무명이 일으킨 미혹에서 비롯된 것이다. 이와 같이 과거의 원인(無明 · 行)에 의해서 현재의 삶(육입~수)이 나타나고, 현세의 삶에서 미혹을 벗어나지 못하여 애탐을 일으켜서 집착하여 내세의 자아를 형성하면(愛 · 取 · 有), 이것이 미래의 삶의 원인이 되어 다시 태어나 죽는 '미혹 속 갈애로 인한 번뇌와 고통의 삶'이 끊임없이 반복된다는 것(윤회)이 삼세양중인과설이다.

12연기와 수행(修行)의 원리, 멸(滅)·도(道)

앞에서 붓다의 깨달음 내용은 연기법(12연기)이고 여기서 사성제가 도출된다고 했다. 12연기에서 순관은 사성제의 고 · 집, 역관은 멸 · 도에 각각 해당된다. 12연기의 구조를 살펴보면 12연기 중 두 단계에서 작동하는 '미혹'이 12연기의 근본 원인임을 알 수 있다. 즉 무명이 곧 미혹 그 자체 또는 미혹에서 생기는 것이고, 애와 취가 무명이 일으킨 미혹에서 발단된 것이다. 이 지점에 불교의 수행론이 들어선다. 수행의 목적은 미혹의 무명 상황을 벗어나 불성을 깨닫는 것(見性悟道)이다. 즉 12연기 중 두 단계에서 미혹과 무명을 퇴치하여 12연기라는 고통의 사슬에서 벗어나는 것이다. 12연기의 역관인 환멸문은 수행의 길로서, 12연기의 순관인 유전문의 어느 단계에서 앞 · 뒤 인과의 고리를 끊어 연기의 순환을 막는 길이다.

12지연기는 전생 현생 내생이 '업(전생) → 보(현생), 업(현생) → 보(내생)'이라는 이중의 업보 관계를 담고 있다. 전생이 선업(善業)이었으면 현재 즐거운 느낌의 락과(樂果)를, 과거에 악업(惡業)을 지었으면 현재 고과(苦果)를 갖게 된다. 고 · 락의 느낌을 가지면 우리는 곧 호 · 불호(好 · 不好)의 애 · 증(愛 · 憎)과 이에 따른 취 · 사(取 · 捨)의 분별심을 갖게 되어 내세를 향한 새로운 업을 짓게 된다. 그리고 이 미혹의 분별심이 작동하는 새로운 능동적 행(行)이 다시 식(識)을 발생시켜 그 업보로써 내생과 노사가 이어지게 된다.

1무명 ▸ 2행 ▸ 3식 ▸ 4명색 ▸ 5육입처 ▸ 6촉 ▸ 7수 ▸ 8애(증) ▸ 9취(사) ▸ 10유 ▸ 11생 ▸ 12노사
(전생 – 업) | **(현생 – 보 · 업)** | **(내생 – 보)**

12연기 중 미혹을 벗어나는 두 단계의 길의 첫째는 '7수(受) → 8애(愛)'이다. 위 연기 고리에서 수는 전생 업의 보이지만, 그로 인해 발생하는 애(증)와 취(사)는 주체의 능동적 행(行)에 의한 새로운 업짓기이다. 바로 여기에서 '주체의 능동성'이란 그 업짓기(애 · 증 또는 취 · 사)가 일어

나지 않게 할 수도 있다는 의미로서 수행의 지점을 가리킨다. 즉 느낌(受)에 머무를 뿐, 느낌이 있어도 그에 따라 탐진(貪瞋)의 마음으로 분별 집착하지 않음으로써 '수 → 애'의 고리를 끊어 윤회를 벗어나는 해탈을 하게 된다. 이를 탐진의 번뇌를 벗어나 아공(我空)을 깨닫는 심해탈(心解脫)이라고 하며, 이른바 사념처수행으로 성취된다.

둘째 길은 '1 무명'의 단계에 있다. 무명은 미혹이 원인이다. 심해탈로써 마음에서 탐진의 번뇌가 사라졌더라도 한 걸음 더 나아가 나와 세계의 참모습을 알아보는 진정한 지혜를 터득해야 수행의 목적이 완결된다. 아직 미혹의 무명에 빠져 있는 한 '가유(假有)'에 대한 집착인 법집(法執)을 벗어나지 못한다. 어떻게 하면 무명을 벗어나고 무명을 벗어난 상태는 어떤 것인가?

대중불교의 진전된 국면인 유식불교에서는 사람의 마음 구조를 전5식(안 · 이 · 비 · 설 · 신에 의한 감각), 제6식(의식), 제7말라식(자의식), 제8아뢰야식(심층마음, 불성)으로 구분한다. 여기서 아뢰야식은 장식(藏識)이라고도 하는데, 12연기에서 업력을 종자로서 보관하고 무명에 의한 맹목적 활동(行)으로 발동하는 제3단계의 식(識)이 이에 해당한다. 이 식에서 무명을 걷어 내고 불성으로서의 본래의 식의 모습을 깨닫는 게 혜해탈(慧解脫)이다.

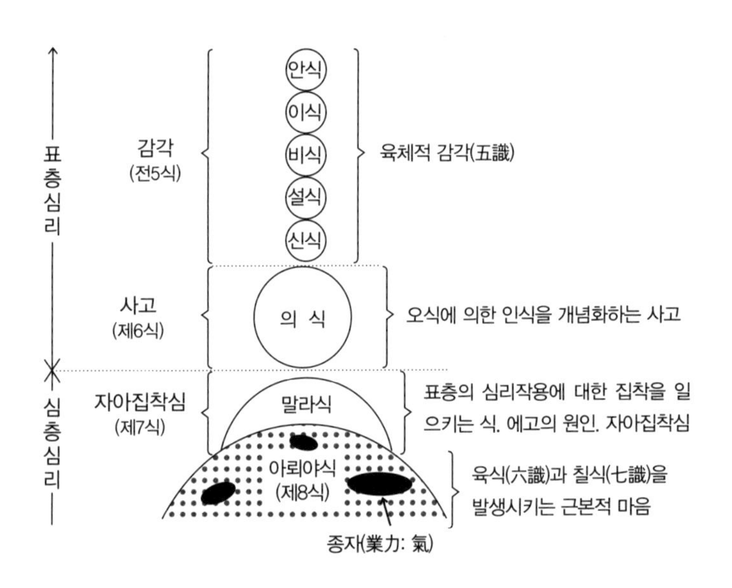

불가 유식사상의 마음구조

무명을 걷어 내는 방법으로 세 가지가 있다. 하나는 '수심결'에 나오는 무심법이다. 무심법은 대상을 좇아가지 않고 마음을 비우는 것이다. 둘은 지눌이 제시한 적적성성등지법(寂寂惺惺等持法)이다. 나머지 하나는 간화선이다. '이뭣고', '개에게는 불성이 없다' 등 우리가 이해하기 어려운 문제들(화두)에 의심이 걸려서 생각의 끝까지 가서 드디어 생각하는 자신의 '생각하는 본마음'을 발견하는 방법이다.

여기서 지눌의 적적성성등지법(寂寂惺惺等持法, 적성등지법)을 보자. 적적이란 마음으로써 마음에 그려진 내용들을 모두 지우는 일이다. 우선 전5식의 감각 내용을 지우기 위해 안 · 이 · 비 · 설 · 신의 감각 작용을 멈춰야 한다. 그다음에 떠오르는 온갖 의식적 사유(제6식)를 걷어 낸다. 또 그다음에 '백척간두진일보'의 마음으로 '나'라는 자의식(제7말라식)을 걷어 낸다. 이렇게 하여 마음이 완전히 비워진 상태가 적적(寂寂)이다.

이 과정을 뇌과학적으로 말하자면, 뇌파가 대상의식(전5식과 제6식)의 베타(β)파에서 명상 상태의 알파(α)파와 수면 상태의 세타(θ)파, 숙면 상태의 델타(δ)파에 이르기까지 최고로 안정돼 가는 과정이다. 이때 자칫 잠(昏沈)에 빠져들고 만다. 여기서 부단한 노력으로 혼침에 빠져들지 않는 상태를 유지하는 것을 성성이라고 한다. 이 두

양태의 마음 상태를 동시에 유지하는 것을 적적성성등지라고 한다. 적성등지법의 구체적 방법을 지눌은 아래와 같이 제시했다.

- 초저녁 밤중이나 새벽에 고요히 온갖 반연을 잊고 우뚝하게 단정히 앉는다. 바깥 경계를 취하지 않고 마음을 거두어 안으로 비추어 본다. 우선 고요함(적적)으로써 반연(絆緣)하는 사려를 다스리고, 그다음 또랑또랑함(성성)으로써 혼침을 다스린다. 혼침과 산란을 고루 제어하되 취하고 버린다는 생각도 없게 한다.[19]

이런 적적성성상태에서 마음은 무엇을 보게 되는가? 이때 마음은 자신의 활동, 즉 마음 자신을 발견하게 된다. 마음이 마음을 아는 것은 마음이 본래 빈 허공이 아니라 '스스로 자각하여 아는' 기능을 갖기 때문이다. 이것을 원효는 '본성이 스스로를 신령스럽게(신이라는 기의 파장에 의한 신통력으로) 아는 것'이라는 의미로 '성자신해(性自神解)'라고 했고, 지눌은 '비어 있어 적적하되 신령하게

19 한자경, 『명상의 철학적 기초』, 이화여대출판부, 2011년, 114쪽.

자신을 안다'는 의미로 '공적영지(空寂靈知)'라 했다. 또 유가에서는 이를 '허령불매(虛靈不昧)'라 한다. 선수행의 목표는 바로 이 공적영지를 터득하여 그것을 자기 마음의 본모습으로 깨달아 아는 것(見性)이다. 즉 심층마음의 존재와 모든 현상(共相과 自相)은 심층마음이 그려 내는 것임을 개념적으로 파악(해오)하는 게 아니라 실천적으로 체득(증오)하고자 하는 것이 선불교(禪佛教)의 목적이다.

불교 수행론 더 들어가기

불교의 수행 방법은 일견(一見) 복잡다단해 보인다. 이 역시 불교 사상이 붓다의 말씀인 원시불교에서부터 소승, 대승을 거쳐 오늘에 이른 과정과 궤를 같이한다. 그런고로 불교 수행론은 번잡해 보일망정 '마음 닦기'라는 하나의 맥을 중심으로 다양하고 상세한 방법론이 첨삭된 것이다. 따라서 수행자의 입장에서는 이를 종합적이고 유기적으로 관찰하여 하나를 선택하거나 융복합화하는 지혜가 필요하다.

불교에서는 붓다의 말씀(교설)을 논리적으로 이해하는 것을 해(解, 또는 解悟)라 하고, 이를 실천하는 것을 행(行)

이라 한다. 따라서 수행(修行)이라는 말은 붓다의 말씀을 이해하고 닦아서 실천한다는 의미를 갖는다. 여기에서 닦는다는 말은 마음과 행동을 닦는다는 의미로서 '수행'의 본질적인 면을 가리킨다. 불교의 수행을 심신 양 측면에서 대체로 요약하자면 우선 계율을 잘 지켜서 몸과 마음을 정립시켜서 외부 자극으로 인해 산만해진 마음(방심)을 다잡고(戒), 마음에 남아 있는 번뇌와 망상을 제거하여(定), 청정한 마음의 지혜로써 사성제의 도리를 깨달아(慧) 생사를 멸하고 열반을 성취하는 것(解脫)으로서, 이른바 계(戒) · 정(定) · 혜(慧) 3학(三學)으로 정리된다.

불교수행론에서 사성제 중 도성제(道聖諦)를 팔정도(八正道)라고도 한다. 팔정도는 『초전법륜경』에 나오는 말로서, 정견(正見: 사물과 현상을 있는 그대로 봄), 정사유(正思惟: 분별심 없는 바른 인식), 정어(正語: 말을 바르고 적절하게 함), 정업(正業: 올바른 행실), 정명(正命: 수행자의 직분에 걸맞은 올바른 직업), 정정진(正精進: 해탈 열반을 향한 초지일관의 노력), 정념(正念: 심신의 현상을 왜곡됨 없이 알아차림), 정정(正定: 올바른 선정 · 명상 · 수행) 등 정(正) 자가 붙는 8가지 수행 지침이다. 팔정도의 내용에는 아래에 나오는

37조도품의 사정단(四正斷)과 사(四念處)가 포함된다. 또 37조도품에도 팔정도가 포함돼 있다.

37조도품(助道品)은 근본경전에서 열반을 구하는 수행법으로 설해지고 있다. 그 내용은 사념처, 사정단, 사여의족(四如意足), 오근(五根), 오력(五力), 칠각지(七覺支), 팔정도이다. 이들 37가지 수행법이 열반을 성취하는 데 도움이 된다고 하여 37조도품이라는 이름을 붙였다.

37조도품의 첫 번째인 사념처는 심(心) · 수(受) · 심(心) · 법(法)의 4가지 대상에서 일어나는 변화에 주의를 집중하고 관찰하여 탐진(貪瞋)의 번뇌를 끊고(심해탈), 이어서 무명의 어리석음(癡)마저 씻고 세상의 참모습을 바라볼 수 있게 되는(혜해탈) 수행법이다. 사념처에서 념(念)은 주의 깊게 주시함을 뜻하며, 처(處)는 그 주시함의 대상이다. 『대념처경』 사념처의 각각의 념처마다 후렴처럼 반복되는 첫 번째 구절에서 "집중하여 알아차리고(知) 주시한다(念) / 세간에의 애착과 혐오를 벗어난다."고 하여 사념처의 기본 구조를 보여 주고 있다. 즉, 사념처는 네 대상을 주시하여 알아차려서 탐진치를 벗어나는 수행법이다. 여기에서 주시함의 의미인 념(念)은 망상을 끊고 현재(now)의 대상(here)에 집중하는 지(止)에 해당하고, 알아차림의 의미인 지(知)는 사태 자체를 직관하는 관(觀)에 해당하여 사념처 수행이 이미 지 · 관을 포함하고 있음을 알 수 있다.[20]

그렇다면 사념처 수행이 탐 · 진 · 치의 번뇌를 벗어나는 원리가 어떻다는 것인가? 이는 12연기의 '촉(觸) → 수(受) → 애(愛)'의 과정에서 살펴볼 수 있다. 즉, 일상적으로 촉(觸)을 통해 얻는 고락(苦樂)의 느낌(身受)과 그것에서 이어지는 탐진의 번뇌(心受)인 이중적인 수(受)를 수행을 통해 그 각각으로 고찰하여 둘을 분리해 냄으로써 일상적으로 신수에서 심수(愛)[21]로 자동 이행하는 무의식적 고리를 끊는 것이다. 이는 곧 몸의 고수로부터 마음의 분노인 진심에 이끌리거나 몸의 락수로부터 마음의 애착인 탐심에 자동적으로 이끌리게 되지 않도록 하는 심해탈에 해당한다.

이때 몸의 느낌(身受)과 마음의 느낌(心受)을 구분하기 위해 느낌(受)을 중심으로 몸과 마음을 주시하는 것이 사

20 한자경, 『명상의 철학적 기초』, 이화여대출판부, 2011년, 92쪽.

21 愛는 '心+受'로서 심수(心受)를 의미한다.

념처의 앞 세 단계이다. 네 번째 법념처는 앞 단계의 탐진 번뇌가 멎은 상태(寂寂惺惺)에서 무명(無明)의 치(癡)를 벗어나 심층마음인 아뢰야식을 깨닫는 단계, 즉 불성(佛性)을 깨닫는 혜해탈, 즉 견성(見性)의 단계이다. 이때 심층마음(아뢰야식)에 합일함으로써 심층마음이 일으키는 일체 제법의 원리를 있는 그대로 여실(如實)하게 깨닫게 된다는 것이다.

선(禪)의 원리와 종류

선의 원리

간화선(看話禪)을 예로 선수행의 원리를 살펴보자. 간화선에서는 화두(話頭)를 방편으로 사용한다. 화두는 주로 당나라 선사들의 대화인 공안(公案)으로부터 한 자구(字句)나 문구를 따온 것인데, 공안 자체가 모순 · 역설 · 반어로 가득 차 있어서 대부분 이해하거나 해석하기 어렵다.

- 어떤 스님이 조주에게 물었다. "개에게도 불성이 있습니까?" "없다(無)!"[22]

22 『조주록(趙州錄)』

대승불교에서는 '개유불성(皆有佛性)'을 주장해 왔다. 그런데 개에게는 불성이 없다니? 이런 식으로 머리로써 논리나 개념으로 헤아려서는 깨달음에 이르지 못한다. 이때 무(無)자 화두는 이치와 사념(思念)이 닿지 않는 곳, 사로(思路)가 끊긴 곳(言語道斷)에 도달하도록 일상적 번뇌와 논리적 사고의 길을 끊어 마음의 행로를 완전히 바꿔 주는 역할을 한다.

- 마조스님이 몸이 불편하였다. 원주가 물었다. "요즘 몸은 어떠신지요?" "일면불(日面佛) 월면불(月面佛)…."[23]

무슨 말인가? 궁금함이 극에 이르러 더 이상 생각이 미치지 않게 되는 것이 답이다. 이때 '백척간두진일보(百尺竿頭進一步)'의 마음으로 그 마음 안으로 한 걸음 더 내딛게 되는데 이때 문제가 되는 것이 바로 '마음'임을 알게 된다. 여기서 곧 '이 한 물건이 무엇인가?'라는 '이뭣고(너는 누구냐)?'의 화두로 이어진다. 결국 간화선이 강조하는 이 '이뭣고?'의 화두는 곧 '본래면목'을 깨닫게 하는 언

23 『벽암록(碧巖錄)』

어도단으로서 일상적 논리와 사유를 떠난 것이다. 이처럼 화두참구(話頭參究)는 화두 자체를 알기 위함이 아니라 화두를 붙들고 있는 그 주인공의 정체를 붙잡기 위한 것이다. 그러므로 간화선의 화두는 어떤 것이든 상관없다. 즉 물음을 던지는 내가 누구인지를 묻는 '이뭣고?'가 될 수도 있고, '뜰 앞의 잣나무!'나 '똥막대기'일 수도 있다. 화두 자체에는 어떤 의미도 없기 때문이다.

간화선은 심층마음(아뢰야식)에 가 닿기 위해 우리의 과거 업이 남긴 업력(습기習氣)이 현현(顯現)해 내는 신경회로의 밖, 즉 일체 의식 작용의 너머로 나아가고자 한다. 그 길을 인도하는 화두는 일상적 신경회로에 가득한 사유를 모순과 자가당착으로 몰고 가 사유의 주체인 수행자로 하여금 더 이상 그 회로 안에 머무를 수 없게 함으로써 회로에 갇혀 있는 수행자를 회로 밖으로 끌어낸다. 즉, 수행자를 일상적 인식틀 밖으로 끄집어내 그 인식틀을 바라보는 자리에 앉혀 준다.

- 화두가 불러일으키는 의심이 쌓여 의정(疑情)이 되고, 의정이 뭉쳐 의단(疑團)이 되도록 그 화두의심의 답만 찾아

몇 날 며칠을 바른 자세로 앉아 있다 보면, '이뭣고'를 향한 풀리지 않는 의심과 벗어날 수 없는 갑갑함은 결국 뚫을 수 없는 은산철벽(銀山哲辟)이 되어 나의 앞뒤 좌우를 가로막고 압박해 온다. 그렇게 온몸을 내리누르는 막중한 의심의 무게를 견디다 보면 드디어 마지막 순간 몸이 폭발하는 느낌 등 신체적 · 정서적 변화가 일어나는데, 이것을 은산철벽이 무너지고 화두가 타파되는 순간이라고 한다.[24]

화두타파의 순간 과거의 업이 남긴 습기의 무게로부터 자유로워져 마음이 전에 없이 편해지는 행복감을 느끼게 된다. 그 순간 우주는 내 마음이 그려 놓은 그림이며 나(마음)는 우주적 그림의 바탕이라는 것, 그 바탕 위에 나와 만물은 하나임을 깨닫게 된다. 이것을 돈오(頓悟), 나의 참모습(본래면목)의 깨달음, 견성(見性)이라고 한다.

선(禪)의 종류

선은 여래선(如來禪), 조사선(祖師禪), 분등선(分燈禪), 의리선(義理禪), 간화선(看話禪), 묵조선(默照禪), 격외선(格外

24 한자경, 『심층마음의 연구』, 서광사, 2018년, 262쪽.

禪) 등으로 분류된다. 석가모니로부터 시작하여, 중국에 들어온 달마대사에 이르기까지 수행돼 온 선을 대체로 여래선이라고 하고, 달마대사로부터 6조 혜능까지를 조사선, 혜능 이후 여러 조사들에 의해서 전개된 독특한 중국식 선불교를 분등선(分燈禪)이라고 분류한다.

의리선은 조사선 · 여래선과 함께 삼종선의 하나로 근기가 낮은 사람에게 적합하다는 불교수행법이다. 의리선이라는 말은 조선 후기에 긍선(亘璇)이 저술한 『선문수경(禪門手鏡)』에서 처음 공식화되었다. 긍선은 선을 깨침의 정도에 따라 의리선(義理禪) · 여래선(如來禪) · 조사선(祖師禪)의 세 가지로 분류하였다. 긍선이 말하는 '임제3구(臨濟三句)' 가운데 제1구는 조사선, 제2구는 여래선, 의리선은 제3구에 해당한다. 의리선은 언어나 문자로 표현된 과거 제불(諸佛) 제성(諸聖)의 교리나 게송 등에 의지해서 마음을 깨치려 하는 선이다. 초보자는 처음 의리선으로부터 출발하여 차츰 여래선 · 조사선의 경지로 들어가게 된다.

백파가 『선문수경』을 발표하자, 대흥사 초의 의순은 『선문사변만어(禪文四辨漫語)』를 저술해 비판했고(1차 비판), 추사 김정희는『백파망증십오조(白坡妄證十五條)』로 이의를 제기했다. 백파는 임제의 3구에 입각해 선문(禪文)을 판석했다.『선문수경』첫머리에 "삼세제불과 역대 조사, 천하의 선지식이 남긴 언구는 이 3구(三句)를 벗어나지 않는다."고 했다. 그러면서 백파는 이 3구를 선종 5가(위앙 · 임제 · 운문 · 조동 · 법안)에 비교하고, 삼처전심을 분류하는 등 독자적인 선론을 전개했다.『임제록』'시중'에서 "만약 제1구에서 깨달으면 조불의 스승의 되고, 제2구에서 깨달으면, 인천(人天)의 스승이 되며, 제3구에서 깨달으면 자신도 구제하지 못한다."라고 했다.

초의는『선문수경』에 문제점이 있다고 하면서 3종선 이론을 논박하며 네 가지(四辨: 조사선 · 여래선, 격외선 · 의리선, 살활의 기용, 진공 · 묘유)로 선리를 변론했다. 초의는 의리선과 격외선을 방편상의 분류로는 받아들이지만, 차별의 관점으로는 볼 수 없다고 주장한다. 또한 조사선과 여래선도 법을 전하는 주체의 차이가 있을 뿐 두 선은 우열을 가릴 수 없으며, 조사선만이 최고라고 보는 선법은 잘못이라고 비판한다. 즉 초의는 '조사선 · 여래선 · 의리선'이라고 나눈 단계는 언어 방편일 뿐이므로 3종선을 단계적으로 나눈 것은 오류이며, 평등하게 봐야 한다고 했다.

또 교를 통해 선을 이해코자 하는 것이므로 선과 교는 불이(不二)의 관계로서 다른 것이 아니라고 보았다. 그러면서 초의는 '격외'와 '의리'라는 말은 있으나 '격외선'과 '의리선'이라는 용어는 없음을 강조하고, 이들은 조사선과 여래선을 법의 입장에서 달리 부른 용어라는 점을 밝혔다.[25]

여래선이란 '여래(부처님)의 가르침에 의한 선'이라는 의미이다. 이를 여래선이라고 하는 것은 석존으로부터 직접 전수받은 수행 방법이 계속해서 전해져 왔기 때문이다. 이에 비해 조사선이라고 하는 것은 달마대사를 최초의 조사(祖師, 初祖達摩)라고 칭하면서, 그의 영향 밑에서 형성된 선을 지칭한 것이다. 조사선의 특징은 '불립문자 직지인심(不立文字 直指人心)'에서 보듯이 '문자를 세우지 않고 바로 마음을 가리킨다'는 데 있다. '문자를 세우지 않는다'는 말은 경전이나 석존의 말씀에 얽매이지 않고 부

25 "인물로 읽는 한국禪사상사 59 백파 긍선의 '선문수경'", 「불교신문」 3493호, 2019. 6. 8.

처님의 본뜻인 마음에 바로 들어간다는 의미이다. 그것은 깨침에 바로 들어간다는 뜻이다.

조사선은 6조 혜능 이후 그의 제자들에 의해서 분파되면서 완전히 선의 중국화를 이루게 된다. 이런 양상을 두고 분등선이라 한다. 분등선이란 구체적으로 당오대시대(唐五代時代, 618~960) 선종의 발달과정에서 형성된 다섯 종파, 즉 위앙종 · 조동종 · 법상종 · 임제종 · 운문종의 선풍을 말한다. 오가칠종이란 위에서 설명한 오가 외의 임제종에서 분파된 황용파 양기파의 두파를 추가한 것을 말한다. 여래선은 인도적인 선 수행에 가깝다고 볼 수 있고, 조사선이 달마대사 이후 선이 중국에 정착하는 과정이라면, 분등선은 완전히 정착된 중국식의 선이라고 할 수 있다.

한편 선종사는 여래선-조사선-문자선-간화선 · 묵조선-염불선으로 나뉘기도 한다.

유식(아뢰야식)의 수행 원리, 전식득지(轉識得智)

유식사상은 외계의 현상과 자기가 실재한다고 보는 생각, 즉 '전5식-제6 의식-제7 말라식(자의식)-제8 아뢰야식'에 이르기까지에서 나타나는 모든 인식 작용이 착각(錯覺)이라고 본다. 유식에서의 수행은 이 네 가지 정신 작용을 모두 변화시켜서 사지(四智)를 얻고자 한다. 이것을 전의(轉依)라 한다. 전의란 소의(所依: 의타기성을 기반으로 하는 모든 인식 또는 인식의 바탕인 아뢰야식)를 전(轉)한다는 의미이다. 전의란 본질적으로 '아뢰야식의 근본적인 전환'을 의미한다.

『성유식론』 제10권에서는 아래와 같이 네 가지의 전의 구조를 설명하고 있다.[26]

능전도(能轉道) …… 여러 가지 지(智) …… 전의를 일으키는 동인

소전의(所轉依) …… 아뢰야식 …… 전의의 기체(基體)

소전사(所轉捨) …… 아뢰야식 중의 이장(二障)[27]

소전득(所轉得) …… 대열반 · 대보리 …… 전의로 얻어지는 결과

26 일지(一指), 『중관불교와 유식불교』, 도서출판세계사, 1992, 312쪽.

27 번뇌장의 종자(우리를 생사에 유전(流轉)케 하는 것으로서 해탈을 장애한다) 및 소지장(所智障. 智의 성취를 장애하는 종자). 번뇌장의 종자를 끊음으로써 대열반을 성취하며, 소지장의 종자를 끊음으로써 대보리를 얻는다. 유식사상이 목표로 하는 최고의 경지는 보리와 열반이다.

위의 구조에서 소전사에 의해 식(識, 아뢰야식)에서 우리의 오류에 가득 찬 일상적 인식인 이장(二障)을 버리고, 이 식(識)이라는 인식 작용을 변혁하여 현상을 진실하게 보는 능력, 이것을 識에서 智로의 변화(變化)를 의미하는 전식득지(轉識得智)라 한다. 유식사상의 목표는 모든 존재 현상이 오직 識의 결과임을 마음으로 깨달아 아는 증오(證悟)를 얻는 것으로서, 識을 智로 전환시켜 원성실성의 진여(眞如)에 도달하는 것이다. 유가행유식파는『성유식론』에서 유식의 실천인이 걸어야 할 수행의 단계를 1자량위(資量位), 2가행위(加行位), 3통달위(通達位), 4수습위(修習位)의 순서로 설명하고 있다.

6

도가(道家)의 양생(養生)·수양(修養)

❀

도가의 세계관과 수양론적 지향

도가의 세계관은 유가의 '현실'과 불가의 '초월'의 중간인 '자연'에 자리한다. 공자의 의 · 명(義 · 命) 구분 원리에 따르자면 도가의 세계는 '자연'으로서 인간의 의지로는 어쩔 수 없는 命의 경계에 있으므로 인간은 인위적인 개입을 멈추고 단지 자연에 의한 자연의 지배를 관조하며 그 자연의 지배력 위에 얹혀 있음을 자족함으로써 그 것을 이용 · 순응할 뿐이다. 이런 도가 학설의 지향은 유가의 경세(經世)와 불가의 출출세(出出世) 사이에서 인간을 자연화(出世)하는 것이다.

한편으로 도가의 세계관은 유가 및 불가의 세계관과 겹치는 부분이 있다. 도가에 불가적 색채가 있는 것은 애초의 도가적 특성일 수도 있지만 불교 도래 초입 단계에서 '격의불교'[1] 시절을 거치면서 道 · 佛이 나눈 대화의 잔영이라고 말하는 이도 있다. 유가의 세계관이나 수양론에 도가적 색채가 들어 있는 것은 예컨대 조선 전기 한재(寒齋) 이목(李穆)의 다도사상 등에서 엿볼 수 있다. 이런 지점은 유 · 도 · 불 수양론의 흐름이 도가를 중심으로 접속되고 있음을 말해 준다. 이는 도가가 모든 존재의 터인 우주 자연과 그 질료인 기(氣)를 사상적 핵심으로 삼고서 철학사상 수립에 중요한 존재론을 확실하게 마련했다는 데 기인한다.

도가는 그 이름이 말해 주듯이 우주 자연의 존재 형식이자 그 운영 원리인 '도(道)'를 강조한다. 이는 춘추시대 주나라의 패망을 본 노자가 인위적 정치의 무망(無望)함을 한탄하여, 전국시대 일치일난(一治一亂)의 혼란과 그로 인한 인생의 파탄을 본 장자가 정치, 사회, 인생의 진정한 안정과 보전을 추구하여 마련한 답(答)이라고 할 수 있다. 도가는 '도'를 강조하되 도의 완벽한 '자연성'을 강조

1 불교의 교의를 타 종교의 교의에 의탁해 해석하는 방법론. 예컨대 중국 불교 초기에 불교의 '空'을 도가의 '無' 개념으로 해석한 것과 같다.

하기에 道를 인간이 규정하거나 그것에 인위적 이름을 붙이는 것조차 저어했고,[2] 마침내는 사람도 땅도 하늘도, 또한 도 자체도 자연을 본받아야 한다고 역설했다.[3] 도가의 학설이 이처럼 자연 위에 정초(定礎)해 있는 만큼 도가의 수양은 자연과 같아지기, 즉 자연과의 합일 추구이며, 도가사상은 철저한 자연주의이다.

도가의 주류는 노장 계열을 말하므로 도가 수양론의 핵심은 노자의 사상이나 그것을 계승하여 발전시킨 장자의 언설에서 찾아볼 수 있다. 노자의 관심사는 주로 정치철학이었다. 노자는 주나라의 패망을 보고 그 원인이 지나친 인위(人爲)에 있었다고 생각한 것 같다. 노자는 당시의 정치적 혼란과 무질서한 사회상의 해결책으로 '무위(無爲)'를 주장했다. 『도덕경』의 '무위이무불위(無爲而無不爲)'라는 문구가 그것이다. 그런데 노자의 '무위'는 외물을 대상으로 한 정치적 무위였으며 노자의 '성인'은 무위를 구

2 道可道 非常道. 『도덕경』 제1장에 나오는 말로 '도라는 이름을 붙이면 진정한 도가 아니다'라는 뜻. 强字之曰道(억지로 이름을 붙여 '道'라 하였다)(『도덕경』 제25장).

3 人法地 地法天 天法道 道法自然(사람은 땅을 본받고, 땅은 하늘을 본받고, 하늘은 도를 본받고, 도는 자연을 본받는다)(『도덕경』 제25장).

현한 정치적 이상인(理想人)이었다.

『장자』의 수양론

노자와 달리 장자의 관심사는 수양론이다. 『장자』 전편이 거의 수양론이라고 할 수 있지만 장자가 직접 썼다는 『내편(內篇)』은 더욱 그렇다. 장자의 사상을 노자 사상과 비교하여 '경지의 철학'이라고도 한다. 장자의 '무위'는 노자가 외물을 대상으로 한 것과 달리 내성(內省)의 차원으로 옮겨지고, 노자의 '성인'에 해당하는 장자의 '지인(至人)', '진인(眞人)', '신인(神人)'은 주체적 개인의 성격을 띤 수양가들이다. 도가의 수양론을 살펴보기에 앞서 노·장(老·莊)의 도(道)의 차이를 알아볼 필요가 있다. 도가의 수양론은 큰 틀에서는 노자의 도에 입각하면서 각론은 『장자(莊子)』에 있기 때문이다.

- 장자가 노장 사상을 가장 크게 발전시킨 점은, 노자한테서 중요하던 우주론 및 본체론적 의미의 '도'를 주관적인 경지로 변화시킨 점이다. 이로써 장자 철학은 일종의 경지 철학의 성격을 띠게 되었다. 장자가 가장 큰 관심을 기

울인 점은 도를 체득한 후에 인간이 갖는 경지와 이런 경지에 도달하는 방법이지, 객관적이고 실존적인 '도'가 아니다. …… 자연성의 문제에서 장자는 인간의 자유성과 자재성을 더욱 깊고 넓게 발휘하였다.[4]

장자가 수양론에 치중하게 된 사정이나 그 목표를 자연합일에 두게 된 원인은 인간 세상의 갈등과 질곡에 있다. 장자와 석가의 차이는 장자는 주로 인위에 기인하는 현실적인 고뇌를 '자연'으로써 치유하고자 했으며, 석가는 인간세의 원천적인 고민을 그 원천인 인간의 마음에서 원인과 치유책을 찾고자 한 것이다. 장자는 인간을 얽매는 질곡의 원인이 자연을 떠난 데에 있음을 알았다. 장자가 「제물론(齊物論)」에서 말하듯이 순수 자연의 상태에서는 모든 존재가 차별 없는 순환의 띠를 형성하고 있다. 그곳에는 차별이 없으니 대립과 갈등도 생기지 않는다.

- 제물(齊物)의 이치를 깨달은 사람은 일체의 갈등과 질곡에서 벗어나, 마치 구만 리 상공을 날아가는 대붕(大鵬)처

4 진고응, 『老莊新論』, 최진석 옮김, 소나무, 1997, 190쪽.

럼 세상을 소요(逍遙)하며 자유롭게 살아갈 수 있다고 보았다. 그러므로 장자는 성심(成心)에 갇혀 있는 소지(小知)의 사람들을 일깨워 대지(大知)를 체득하게 하고, 궁극적으로는 소요유(逍遙遊)의 절대 자유 경지로 나아가길 바랐다. 소요유를 추구했던 장자 철학은 노자 철학과 달리 수양론으로 흐를 수밖에 없었다.[5]

도가사상의 연원, 황로사상

도가 수양론의 연원과 그것이 발아된 환경을 살펴보려면 황로(黃老)사상부터 들여다봐야 한다. 황로사상은 백가쟁명의 전국시대 중기에 제(齊)나라 직하(稷下)를 중심으로 주창되어, 실질적인 대통일문화권을 형성한 한(漢)나라 초기의 주류가 된 사상체계이자 통치이념으로서, 중원문화의 상징인 황제의 이념과 노자로 대표되는 초(楚)나라 등 만이(蠻夷)의 이문화(異文化) 사상이 융합하여 유가 중심 세계관보다 더 높은 차원의 대통일적 세계관을 지향한 것이다. 이런 맥락은 오늘날까지 중국 사상의 심원적 주류가 도가사상이라는 주장에 근거를 제공하기

5 이석명, 『장자, 나를 깨우다』, 북스톤, 2015, 299~300쪽.

도 한다.

황로사상은 노자의 사상(道論)을 도입하고 있으므로 오늘날 일반적으로 칭하는 넓은 의미의 도가사상에 포함된다. 황로사상이 수립되던 전국시대 중기 이후 도가에는 두 파벌이 있었는데, 원래의 장자학파와 직하의 도가학파에서 제창하고 나선 황로학파가 그것이다. 그런데 원래 전국시대에는 '도가'라는 이름의 학파는 없었고 노자(老子), 장자(莊子), 양주(楊朱)와 열자(列子), 황로 등 자연주의 철학사상을 표방하는 사상의 계류(溪流)들이 있었다.

'도가'라는 말은 『사기(史記)』「태사공자서(太史公自序)」에서 사마담(司馬談)이 여섯 개의 학파를 분류하면서 처음으로 사용했다. 그런데 사마담이 분류한 도가의 실제 내용은 노·장이 아니라 황로였다. 도가 개념의 실질적인 원천이 황로인 셈이다. 현재 사용하는 도가사상의 대표로서 '노(老)·장(莊)' 개념은 한대 『회남자(淮南子)』의 「요략(要略)」 편에 처음 나오고, 그것이 광범위하게 쓰인 때는 위진(魏晉) 시대부터이다.[6]

황로사상은 기론(氣論)에 입각한 우주론과 그것의 원

6 김희정, 『몸·국가·우주 하나를 꿈꾸다』, 궁리, 2010, 16쪽.

리를 인간의 몸에 대입시킨 치신론(治身論) 및 그것을 사회 · 정치적으로 확장하여 해석한 치국론(治國論)으로 구성된 포괄적 세계관이다. 황로사상에서 수양론은 기론과 치신론의 결합에서 찾을 수 있다. 이러한 황로사상의 수양의 원리는 『관자』 4편에 적시되고 있다. 『관자』 4편인 「내업(內業)」, 「심술(心術)」 상 · 하, 「백심(白心)」 등에 있는 도 · 덕 · 정기론(道 · 德 · 精氣論) 및 인간의 몸과 마음의 수련에 관한 언급들이 그것이다.

- 凡物之精 此則爲生 下生五穀 上爲列星 流於天地之間 謂之鬼神 藏於胸中 謂之聖人 是故此氣 杲乎如登於天 杳乎如入於淵 淖乎如在於海 卒乎如在於已 是故此氣也 不可止以方 而可安以德 不可呼以聲 而可迎以音 敬守勿失 是謂成德 德成而智出 萬物必得. (「內業」)

  모든 사물의 정기, 이것은 곧 생명이 된다. 이것은 내려가서 오곡을 낳고 올라가서 뭇별이 된다. 천지 사이에 흐르면 일러 귀신이고 가슴 안에 차면 그를 성인이라 한다. 이 때문에 기는 하늘에 오르듯 밝고 심연에 들 듯 어두우며 바다에 있는 듯 질펀하고 꼭대기에 있는 듯 우뚝하다.

이 때문에 기는 외부적 힘으로 멎게 할 수 없고 내면적 덕(체화된 정기)으로써 안정시킬 수 있으며, 소리로 부를 수 없고 음으로써 맞을 수 있다. 경건히 지켜서 잃지 말아야 하니 이를 일러 덕을 이루었다고 한다. 덕이 이루어지면 지혜가 나와 만물을 필히 얻는다.

이 대목은 우주 생명 에너지인 정기(精氣)가 수용되는 인간의 내면에 관심을 두고 있다. 정기를 받아들여 경건히 지켜서 그것이 몸에 오래 머물도록 하는 게 수양의 관건이다. 정기가 들어와 덕을 이루고 덕은 또 들어오는 정기를 안정시킬 수 있다고 하여 정기를 치신양생의 근거로 제시하고 있다.

- 天曰虛, 地曰靜, 乃不貸. 潔其宮, 開其門, 去私毋言, 神明若存.(「心術」上)

  하늘은 텅 비었다 하고, 땅은 고요하다 하니, 이에 잘못이 없다. 그 집(마음)을 깨끗이 하고 그 문(눈과 귀)을 열고서, 사욕을 버리고 부질없이 말하지 않아야 신명이 존재하는 듯하다.

이 대목은 기(氣)와 마음의 관계에서 수양의 원리를 찾고 있다. 하늘의 '텅 빔(虛)'과 땅의 '고요함(靜)'을 본받아 마음을 청결히 하고 (자연의 기가 들어오도록) 오감을 청결히 하여 안정시키면 (그 문을 열고서) '신명[7]이 존재하는 듯하다'. '거사무언(去私毋言)'은 유가의 경(敬)과 같은 의미로서 마음을 전일(專一)하게 하는 것이다. 마음을 비워(虛), 고요하고(靜), 전일하게(一) 하면 자연의 청신한 기가 들어와 우주 자연과 소통하는 신기(神氣)가 되어 자연합일을 가능케 할 수 있다는 뜻으로 풀이된다. 여기서 도가의 수양은 기론(氣論)을 바탕으로 하고 그 방법론은 '허(虛)-정(靜)-일(一)'임을 알 수 있다. 이 '虛 · 靜 · 一'은 직하학파에 속했던 유가(儒家)인 순자의 수양법으로도 공유되고 있다.

- 專于意 一於心 耳目端 知遠之證 能專乎? 能一乎? 能毋卜筮而知凶吉乎? 能止乎? 能已乎? 能毋問於人而自得之於己乎? 故曰, 思之. 思之不得, 鬼神教之. 非鬼神之力也, 其精氣之極

7 神明은 자연의 기가 고도화되어 신통력을 갖춘 상태를 말한다. 신통력을 갖춘 기를 신(神) 또는 신기(神氣)라 하며, 정신(精神)은 정기(精氣)와 신기(神氣)를 합한 말이다.

也.(「心術」下)

뜻이 전일하고, 마음을 한결같게 하면 눈과 귀가 열리고 멀리 떨어진 증험을 안다. 전일(집중)할 수 있는가? 마음을 한결같게 할 수 있는가? 점을 치지 않고도 길흉을 알 수 있는가? 그칠 수 있는가? 그만둘 수 있는가? 남에게 묻지 않고 스스로 터득할 수 있는가? 그래서 "깊이 생각하라. 깊이 생각해도 터득하지 못하면 귀신이 가르쳐 준다"고 한다. 이는 귀신의 힘이 아니라 그 정성스런 기운이 온 것이다.

마음을 집중(專一)하면 그 안에 정기가 들어와 지극해져서 신통력을 발휘하게 된다는 설명이다. 마음 집중의 수양에 의해 정기가 신기(神氣)로 고도화된다는 것이다.

- 道滿天下, 普在民所, 民不能知也. … 何謂解之? 在於心安. 我心治 官乃治, 我心安, 官乃安. 治之者心也, 安心者心也. 心以藏心, 心之中又有心言. 彼心之心, 意以先言. 意然後形, 形然後言. 言然後使, 使然後治. 不治必亂, 亂乃死.(「內業」)

> 도는 천하에 가득하여 두루 백성이 살고 있는 곳[8]에 있는데, 백성은 알지 못한다. …… 무엇으로 그것을 이해하는가? 마음이 편안할 때 가능하다. 내 마음이 다스려지면 감각 기관이 다스려지고, 내 마음이 편안해지면 감각 기관이 편안해진다. 다스리는 것도 마음이고 편안하게 하는 것도 마음이다. 마음(심장)으로써 마음을 담으니, 마음(심장) 가운데 또 (생각하는)마음이 있는 것이다. 저 '마음 안의 마음'에 있어서는 뜻이 말에 앞선다. 뜻이 있은 뒤에야 형체(이미지)가 있게 되며, 형체가 있은 뒤에야 말이 있다. 말이 있은 뒤에야 부림이 있고, 부림이 있은 뒤에야 다스림이 있다. 다스려지지 않으면 필히 어지러워지고 어지러워지면 망한다.

「내업」 편에 나오는 이 대목은 불교의 '심층마음(아뢰야식)'과 같은 '마음속의 마음'을 말하면서 '마음속의 마음'을 다스리는 일이 수양의 관건임을 말해 준다. '마음속의 마음'을 기르는 방법은 말과 형체와 뜻을 차례로 잘 다스리는 것이다. 다스림의 대상인 마음속의 '뜻'은 마음에 활동

8 인간이 거주하는 곳. 사람의 몸을 말한다.

성의 기(氣)가 더해진 심기(心氣)이다. '마음속의 마음'인 심기를 잘 다스려야 하는 수양의 중요성을 말하고 있다. 이러한 기론적 수양론의 맥락은 『장자』「인간세」 편의 '심재(心齋)' 개념으로 이어지고 있다.

- 无聽之以耳而聽之以心. 无聽之以心而聽之以氣. 耳止於聽, 心止於符, 氣也者 虛而待物者也. 唯道集虛. 虛者, 心齋也.
  귀로 듣지 말고 마음으로 들어라. 마음으로 듣지 말고 기(氣)로 들어라. 귀는 소리를 접할 뿐이고, 마음은 소리에 맞추어 가릴 뿐이지만, 기는 비어 있어서 대상을 기다리고 있다. 도는 오직 비어 있는 데에 모인다. 비움이 마음의 재계(齋戒)이다.

듣는 주체가 '귀 → 마음 → 기'로 옮겨지면서 들음의 질이 달라진다. 기가 비어 있음은 그 기를 담은 마음이 비어 있음을 뜻한다. 비어 있는 마음을 비운 채 채우고 있는 기는 모든 대상을 포용하고 동화한다. 천지간에 만재한 도를 받아들임은 마음이 도와 일체가 되는 것이다. 그것이 마음을 기로써 정화하여 채우는 心齋이다. 심재는 나의 심층마음을 채운 기와 우주의 기가 주파수 공명으로 하나가 되게 하는 것으로서, 불교 수행에서 말하는 '한마음'으로서의 아뢰야식의 깨달음과 같다.

이처럼 『관자』 4편에 나오는 수양 관련 대목들이 기(氣)에 의한 도가 수양의 원리를 표명한 것이라면 좀 더 구체적이고 실제적인 도가 수양론은 『장자』의 여러 '우화(寓話)'에서 찾아볼 수 있다. 장자 수양론은 오염되기 쉬운 인간의 마음을 '텅 비우는' 일에 치중돼 있다. 비본래적(인위적) 요소들로 채워진 마음을 완전히 비워 내고 그 자리에 본래성(자연성)을 채워 넣어 자연화(자연과의 합일)하는 게 장자 수양론의 방법이자 목적이다.

『장자』 수양론과 기(氣)

『장자』 수양론에서 자연합일의 기제(機制)로는 『관자』 4편에 제시된 기(氣)의 원리를 원용하고 있다. 분별적 지식이나 욕망을 덜어 내서 순수한 근원으로 돌아감을 노자는 '허기심(虛其心)'[9]이라 했고, 장자는 자아적 분별을

9 『도덕경』, 3장.

없앤다는 뜻으로 '좌망(坐忘)', '망아(忘我)', '상아(喪我)'[10]라고 했다. 망아나 상아는 명상 수행에서 '좌치(坐馳: 마음이 대상의 분별로 산만하게 질주함)'를 극복하고 마음을 다잡아 가지런히 하여 본래의 청정한 마음 상태를 유지하는 일(齋戒)이며 심재(心齊)의 결과라고 할 수 있다.

- (心齋)

顏回見仲尼, 請行 日 "奚之?" 日 "將之衛." … 顏回日 "吾無以進矣, 敢問其方." 仲尼日 "齋, 吾將語若! 有心而爲之, 其易邪? 易之者, 皞天不宜." 顏回日 "回之家貧, 唯不飮酒不茹葷者數月矣. 如此, 則可以爲齋乎?" 日 "是祭祀之齋, 非心齋也." 回日 "敢問心齋." 仲尼日 "若一志, 无聽之以耳聽之以心, 无聽之以心而聽之以氣! 耳止於聽, 心止於符. 氣也者, 虛而待物者也. 唯道集虛. 虛者, 心齋也."(「人間世」)

안회가 공자를 뵙고 작별 인사를 했다. 공자 왈 "어디로 가려느냐?" 안회 왈 "위나라로 가려 합니다." …… 안회 왈 "저는 더 이상 모르겠습니다. 부디 그 방법을 알려 주십시오." 공자 왈 "재계하라. 내가 네게 말하노니 의도적

10 『장자』, 「제물론」, 1장.

인 마음을 품고 일을 행하면 쉽게 이루어지겠느냐? 쉽다고 생각하는 자는 하늘도 마땅하게 여기지 않을 것이다." 안회 왈 "저는 가난하여 술이나 자극성 있는 채소를 먹지 못한 지 수개월이 되었습니다. 이러면 재계했다고 할 수 있지 않겠습니까?" 공자 왈 "그것은 제사의 재계이지 심재, 즉 마음의 재계는 아니다." 안회 왈 "그러면 심재는 어떻게 하는 것입니까?" 공자 왈 "뜻을 하나로 모아라. (그러려면) 귀로 듣지 말고 마음으로 들어라. 나아가 마음으로도 듣지 말고 기(氣)로 들어라. 귀는 듣는 것에만 그치고, 마음은 부합(분별)하는 것에만 그친다. 그러나 기로 듣는다는 것은 마음을 텅 비운 채 사물을 대한다는 의미이다. 도는 오직 텅 빈 곳에 모이게 되는 것이니, 마음을 텅 비우면 심재에 이르게 될 것이다."

- (坐忘)

顏回曰 "回益矣." 仲尼曰 "何謂也?" 曰 "回忘禮樂矣." 曰 "可矣, 猶未也." 他日, 復見, 曰 "回益矣." 曰 "何謂也?" 曰 "回忘仁義矣." 曰 "可矣, 猶未也." 他日, 復見, 曰 "回益矣." 曰 "何謂也?" 曰 "回坐忘矣." 仲尼蹴然曰 "何謂坐忘?" 顏回曰 "墮肢體, 黜聰明, 離形去知, 同於大通, 此謂坐忘." 仲尼曰 "同則無好也, 化則無常也. 而果其賢乎! 丘也請從而後也."(「大宗師」)

안회 왈 "저는 나아졌습니다." 공자 왈 "어떻게 나아졌느냐?" "저는 예악을 잊었습니다." "좋다. 그러나 아직 부족하다." 얼마 후 안회가 다시 공자를 뵙고 말했다. "저는 나아졌습니다." 공자가 물었다. "어떻게 나아졌느냐?" "저는 인의를 잊었습니다." "좋다. 그러나 아직 부족하다." 얼마 후 안회가 다시 공자를 뵙고 말했다. "저는 나아졌습니다." "어떻게 나아졌느냐?" "저는 좌망했습니다." 공자가 깜짝 놀라 물었다. "좌망이 무엇이냐?" 안회 왈 "육신의 욕망을 무너뜨리고 눈과 귀의 인식 작용을 물리쳐, (그 결과) 형체와 지식의 구속에서 벗어나 자연과 크게 하나가 되는 것, 이를 좌망이라고 합니다." "자연과 하나가 되면 좋아하고 싫어함의 구별이 없어지고, (자연과 하나가 되어) 변화하면 집착함이 사라지지. 정말로 훌륭하구나! 나도 너의 뒤를 따라야겠다."

- (喪我)

南郭子綦隱机而坐, 仰天而噓, 荅焉似喪其耦. 顔成子游立侍乎前, 曰 "何居乎? 形固可使如槁木, 而心固可使如死灰乎? 今之隱机者, 非昔之隱机者也." 子綦曰 "偃, 不亦善乎? 而問之也! 今者吾喪我, 汝知之乎? 汝聞人籟而未聞地籟. 汝聞地籟而未聞天籟夫!"(「齊物論」)

남곽자기가 책상에 기대어 앉아 하늘을 향해 "휴~" 하고 길게 숨을 내쉬고 있는데, 멍하게 앉아 있는 그 모습이 마치 형체를 잊은 듯했다. 안성자유가 그 앞에 모시고 있다가 물었다. "어찌 된 일입니까? 어떻게 형체를 마치 마른 나무처럼 만들고 마음을 마치 식은 재와 같이 할 수 있습니까? 지금 책상에 기대어 있는 분은 예전에 책상에 기대어 있던 분이 아닌 것 같습니다." 남곽자기가 대답했다. "자유야, 참으로 훌륭한 질문이구나! 지금 나는 나를 잊었다. 너는 알겠느냐? 너는 '인간의 음악'은 들어 보았겠지만 '땅의 음악'은 들어 보지 못했을 것이다. 설사 땅의 음악을 들어 본 적이 있다 한들 아직 '하늘의 음악'은 들어 보지 못했을 것이다……."

장자 수양론에서는 수양의 구체적 방법과 단계를 세분하여 제시하고 있다. 장자 수양론의 원칙은 『관자』 4편

등에서 제시된 '허-정-일'이고, 이 원칙에 입각한 방법론은 '心齋-坐忘-喪我'이며, 이의 구체적 과정은 '외천하(外天下) → 외물(外物) → 외생(外生) → 조철(朝徹) → 견독(見獨) → 무고금(無古今) → 불사불생(不死不生) → 영녕(攖寧)'이다. '外天下'에서 '不死不生'에 이르는 단계적 과정은 『장자』 내편 「대종사(大宗師)」에 있는 '남백자규(南伯子葵)와 여우(女偶)의 대화'에 나온다.

- 南伯子葵問乎女偶曰 "子之年長矣, 而色若孺子, 何也?"
  曰 "吾聞道矣."
  南伯子葵曰 "道可得學邪?"
  曰 "惡! 惡可! 子非其人也. 夫卜梁倚有聖人之才而无聖人之道, 我有聖人之道而无聖人之才, 吾欲以教之, 庶幾其果爲聖人乎! 不然, 以聖人之道告聖人之才, 亦易矣. 吾猶告而守之, 三日以後能外天下. 已外天下矣, 吾又守之, 七日以後能外物. 已外物矣, 吾又守之, 九日以後能外生. 已外生矣, 以後能朝徹, 朝徹以後能見獨, 見獨以後能古今, 无古今以後能入於不死不生. 殺生者不死, 生生者不生, 其爲物. 無不將也, 無不迎也, 無不毁也, 無不成也. 其名爲攖寧. 攖寧也者, 攖而後成者也."

남백자규가 여우에게 묻기를 "당신은 나이가 많은데도 안색이 젖먹이 아이와 같소. 왜 그렇소?" 여우 왈 "나는 도를 배웠소." 남백자규 왈 "도를 배울 수 있나요?" "아니, 어찌 가능하겠소! 당신은 그럴 만한 사람이 못되오. 저 복량의는 성인의 재질은 있으나 성인의 도를 몰랐고, 나는 성인의 도를 지녔지만 성인의 재질은 없소. 내가 그에게 도를 가르치고자 한다면 과연 그는 성인이 될 수 있을까? 그렇게는 못 되더라도 성인의 바탕을 지닌 이에게 성인의 도를 가르쳐 주기는 쉬울 것이오. 그래서 그에게 성인의 도를 일러 주고 지켜보았소. 그는 3일 만에 세속적 욕망을 잊었소(外天下). 천하를 잊게 되었으므로 나는 다시 신중히 지켜보았는데, 7일 만에 물질적 욕망에서 벗어났소(外物). 물질의 욕망에서 벗어났으니 나는 또 신중히 지켜보았는데, 9일 만에 몸과 마음에 대한 집착에서 벗어났소(外生). 이미 외생하게 되면 아침이 밝아 오듯 첫 깨달음의 순간이 오고(朝徹), 깨달음을 더욱 심화시켜 관조로써 사물의 참모습을 보게 되고(見獨), 더 나아가 시간의 변화를 초월하게 되고(无古今), 이윽고 생사(生死)를 호(好) · 불호(不好)하지 않는 달관의 경지(不死不生)에 들어

갔소. 삶을 초월하는 자에게 죽음은 없고, 삶을 탐하는 자에게 삶은 없소. (그것이 도요.) 도는 모든 것을 보내고 모든 것을 맞아들이며, 모든 것을 파괴하고 모든 것을 이룩하오. 이를 두고 변화 속의 안정(攖寧)이라 하오. 변화 속의 안정이란 변화가 있은 후 비로소 이루어지는 법이오 (만물이 생성 훼멸되는 어지러운 변화 속에서 고요한 마음을 간직할 때만이 '도'를 배우는 두 가지 과정을 완성하여, 도를 체득한 최고의 경지에 도달했다고 말할 수 있다)."

'外天下'는 세상의 관계망에서 비롯되는 욕심(명예욕, 권력욕 등)을 잊는 것이다. '外物'은 물질적 욕망에서 벗어나는 것이다. '外生'은 나의 몸과 마음에 대한 집착, 즉 자의식에서 벗어나는 것이다. '朝徹'은 아침의 여명처럼 밝아지는 것이다. 이는 앞의 '천하(天下)', '물(物)', '생(生)'에 대한 망상과 집착에서 벗어나는 수행 과정을 거쳐서 첫 깨달음을 얻는 순간이다.

조철의 단계에서는 삶과 죽음이 하나로 인식되고, 물아(物我)의 경계가 홀연히 사라지며, 주객의 이원적 대립도 사라져서 아침처럼 환한 마음만 의식된다. 이는 마치 불가의 수행에서 표층의식과 제7 말라식(자의식)까지를 다 제거하고 아뢰야식을 체인하는 단계로 들어서는 것과 같다. 이 '조철' 단계 이후는 오직 수행을 통해 내적 깨달음의 깊이를 더해 갈 뿐이다. 이어서 '見獨'은 절대의 경지, 곧 부수적 조건이나 인연들이 제거된 사물 자체를 관조하는 단계이다. '無古今'은 시간의 변화에 순응하는 것이다. '不死不生'은 삶을 기뻐하거나 죽음을 두려워하지 않는 '달관의 경지'에 들어가는 것이다.

이러한 장자의 수양론은 유가 수양론이 '경(敬)·성(誠)'의 단조로운 방법[11]을 취한 것에 비해 진일보한 면이 있지만 수행의 방법을 매우 다양하고 상세하게 개발한 불가 수행론에는 못 미친다고 할 수 있다. 예컨대 심재(心齋), 좌망(坐忘), 상아(喪我)는 그러한 경지의 상태를 설명하는 형용어일 뿐 수양의 방법론이라고 하기에는 미흡하다. 위 '좌망' 설명에서 안회가 "육신의 욕망을 무너뜨리고 눈과 귀의 인식 작용을 물리쳐, (그 결과) 형체와 지식의 구

11 주자 수양론인 '미발함양–이발성찰–격물궁리'에서 깨달음의 대상인 '理'는 경험 경계인 '격물'에서 찾아진다. 따라서 주자 수양론에서 '미발' 단계에서는 함양을 위한 성·경이 강조될 뿐, '깨달음(체인)'을 위한 상세한 방법론은 없다.

속에서 벗어나 자연과 크게 하나가 되는 것"이라고 했지만, 육신의 욕망과 눈과 귀의 인식작용을 물리치는 방법론이 없다는 것이다. 마찬가지로 '外天下 → 外物 → 外生 → 朝徹 → 見獨 → 無古今 → 不死不生'의 과정에서도 그러한 과정이 전개될 수 있다는 개연성(蓋然性) 외에 각 단계에 해당하는 구체적 방법론이 보이질 않는다.

이러한 현상은 도가 수양론이 『도덕경』에서 말하는 '無爲而無不爲'의 원칙을 따르는 것 같기도 하다. 오로지 더 이상의 작위를 하지 않고 기존의 인위적 마음만을 비워 내는 '허-정-일'의 원칙을 '無爲'로써 고수하고 그것을 극진히 하는 것이 도가 수양론에서 최선의 방법론이라고 읽히는 대목이다.

『장자』에서는 이렇게 하여 수양이 완성된 경지에 이른 사람을 '진인(眞人)' 또는 '지인(至人)'이라 하고, 「대종사(大宗師)」 편과 「덕충부(德充符)」 편에서 몇 가지 우화를 통해 그들의 인격과 삶의 자세를 보여 주고 있다. 특히 「덕충부」에서는 '왕태(王駘)'와 '애태타(哀駘它)'라는 인물을 통해 수양으로써 달성한 '덕의 충만함'의 아름다움이 외적인 미 · 추(美 · 醜)보다 위대함을 가르쳐 준다. 또 「소요유(逍

遙遊)」에 나오는 대붕(大鵬)은 수양의 필요함과 수양이 완결된 사람이 획득한 자연에서의 무한한 자유를 상징하고 있다.

- 古之眞人, 不逆寡, 不雄成, 不謨士. 若然者, 過而不悔, 當而不自得也. 若然者, 登高不慄, 入水不濡, 入火不熱. 是知之能登假於道者也若此. 古之眞人, 其寢不夢, 其覺無憂, 其食不甘. 其息深深, 眞人之息以踵, 衆人之息以喉. 屈服者, 其嗌言若哇, 其耆欲深者, 其天機淺. 古之眞人, 不知說生, 不知惡死. 其出不訢, 其入不距. 翛然而往, 翛然而來而已矣. 不忘其所始, 不求其所終. 受而喜之, 忘而復之. 是之謂不以心損道, 不以人助天. 是之謂眞人.(「大宗師」)

  옛 진인은 사소한 것도 가벼이 여기지 않았고, 이루고도 과시하지 않았으며, 선비들을 꾀지 않았다. 이런 사람은 지난 일을 후회 않고, 당연한 일을 자기가 해냈다고 생각하지 않는다. 높은 곳에 올라도 떨지 않고, 물에 들어가도 젖지 않으며, 불에 들어가도 뜨거워하지 않는다. 이는 그의 앎이 높은 도의 경지에 이르렀기 때문이다. 옛 진인은 자도 꿈꾸지 않았고, 깨어 있어도 근심하지 않았으며,

음식을 먹어도 맛을 따지지 않았다. 숨을 쉴 때는 호흡이 매우 깊었으니, 보통 사람들은 목구멍으로 숨 쉬지만 진인은 발꿈치로 숨을 쉬었다. 외물에 굴복한 자는 목구멍에서 토하듯이 말을 하고, 욕심 많은 자는 천기가 얕다. 옛 진인은 삶을 기뻐할 줄 몰랐고, 죽음을 싫어할 줄 몰랐다. 세상에 나온 것을 좋아하지 않았고, 저세상으로 돌아감을 거부하지 않았다. 홀연히 오고 갈 뿐이었다. 자신의 시원을 잊지 않았고 종말을 알려고 하지 않았다. 삶을 받음을 기뻐했고 삶을 잃으면 기꺼이 돌아갔다. 이를 일러 마음으로 도를 손상시키지 않고, 인위로 자연을 간섭하지 않는다고 한다. 이런 사람을 진인이라 한다.

도가의 '수양(修養)'과 '양생(養生)'

도가에서 '수양(修養)'은 '양생(養生)'과 구별된다. 양생은 일반적으로 오해되는 '불로장생'이 아니라 생명의 주인(生主)인 자연의 생명력을 보전하여 타고난 수명을 무난히 지키는 일이다. 특히 장자가 양생을 중시한 것은 전란의 인명 살상과 민생 피폐가 극에 달했던 전국시대의 시대상에 대한 회한(悔恨)을 반영한 것으로 보인다. 중국의 철학적 사유에서는 자연을 거대한 생명체로 본다. 도가의 양생은 자연으로부터 부여받은 몸과 마음의 생명력을 어떻게 보전(保全)하느냐의 과제로서 그 답은 '연독이위경(緣督以爲經: 中의 이치를 따름)'과 '안시처순(安時處順: 때에 맞게 행동하고 자연의 순리에 따름)'이다.

'중(中)'을 중시하는 양생의 원칙은 「양생주(養生主)」 첫머리에 나온다.

- 吾生也有涯 而知也无涯 以有涯隨无涯 殆已. 已而爲知者 殆而已矣. 爲善无近名 爲惡无近刑. 緣督以爲經 可以保身 可以全生 可以養親 可以盡年.

  우리 삶은 유한하고 지식은 무한하다. 유한한 삶으로 무한한 지식을 좇으면 위태로울 뿐이다. 그런데도 계속 지식을 추구하면 더욱 위태로울 뿐이다. 선을 행하더라도 이름이 드러나지 않게 하고, 악을 범하더라도 형벌을 받지 않을 정도로 하라. (선악에 얽매이지 않는) 중간 입장을 따라(緣督) 그것을 기준(經)으로 삼으면(以爲) 몸을 온전히 지킬 수 있고, 평생을 무사히 보낼 수 있으며, 부모를 공양하고 천수를 누릴 수 있다.

양생의 원리와 방법뿐만 아니라 수양의 필요성 및 진인의 모습에 관해서는 '포정해우(庖丁解牛)' 이야기가 말해준다.

- 庖丁爲文惠君解牛, … 文惠君曰 "譆, 善哉! 技蓋至此乎?" 庖丁釋刀對曰 "臣之所好者, 道也, 進乎技矣. 始臣之解牛之時, 所見无非全牛者. 三年之後, 未嘗見全牛也. 方今之時, 臣以神遇而不以目視, 官知止而神欲行. 依乎天理, 批大郤, 導大窾, 因其固然, 枝經肯綮之未嘗, 而況大軱乎! 良庖歲更刀, 割也. 族庖月更刀, 折也. 今臣之刀十九年矣, 所解數千牛矣, 而刀刃若新發於硎. 彼節者有閒, 而刀刃者無厚. 而無厚入有閒, 恢恢乎, 其於遊刃, 必有餘地矣. 是以十九年, 而刀刃若新發於硎. 雖然, 每至於族, 吾見其難爲, 怵然爲戒, 視爲止, 行爲遲, 動刀甚微, 謋然已解, 如土委地. 提刀而立, 爲之四顧, 爲之躊躇滿志, 善刀而藏之." 文惠君曰 "善哉! 吾聞庖丁之言, 得養生焉."('養生主')

  포정이 문혜군을 위해 소를 해체했다. …… 이를 보고 문혜군이 말했다. "좋도다! 기술이 어떻게 이런 경지까지 이르렀단 말인가?" 그러자 포정이 칼을 내려놓으며 대답했다. "제가 좋아하는 것은 도입니다. 기술보다 앞선 것이죠. 제가 처음 소를 가를 때는 소가 통째로 보였습니다. 3년 뒤에는 소가 통째로 보이지 않았습니다. 지금 저는 소를 눈으로 보지 않고 신(神氣)으로 만납니다. 감각작용을 멈추고 신기가 원하는 대로 움직입니다. 천리에 따라 움직이며 커다란 틈새와 빈 곳을 찾아 칼을 들이댑니다. 소의 결에 따라 칼을 움직이니 뼈와 살이 엉킨 곳을 벤 적이 없습니다. 하물며 큰 뼈야 건드리겠습니까? 훌륭한 백정은 일 년에 한 번 칼을 바꿉니다. 살을 가르기 때문이죠. 보통 백정은 한 달에 한 번 칼을 바꿉니다. 뼈를 자르기 때문이죠. 지금 저의 칼은 사용한 지 19년이 되었고, 갈라낸 소도 수천 마리나 됩니다. 그럼에도 칼날은 마치 막 숫돌로 간 것 같습니다. 소의 뼈마디는 틈이 있고 저의 칼날은 두께가 없습니다. 두께가 없는 것을 틈새로 집어넣으니 넓고도 넓어 칼날의 움직임이 매우 여유롭습니다. …… 그렇지만 뼈와 살이 엉킨 곳에 이를 때면 저는 어려움을 알아채고 긴장합니다. 시선은 고정되고 움직임은 느려지며 칼날을 조심조심 움직입니다. 그러다 보면 뼈와 살이 엉킨 곳이 툭 하고 갈라집니다. …… 그러면 저는 칼을 들고 사방을 둘러보며 잠시 머뭇거리다가 만족하여 칼을 닦아 마무리합니다." 문혜군 왈 "훌륭하구나! 나는 포정의 말에서 양생의 이치를 얻었노라."

포정은 자신의 솜씨가 술(術, 技術)이 아니라 도(道)라고 말한다. 道는 術에 마음이 얹어진 경지이다. 도가에서 마음은 기(氣)의 집적체로 해석된다. "소를 눈으로 보지 않고 신(神氣)으로 만난다."라는 포정의 말에는 기론에 입각한 도가의 수양 및 양생 원리가 들어 있다. 수양에 의해 기(氣)를 고도화시키면 신통력을 갖는 신(神)으로 전화(轉化)한다. 신(神)은 우주 원리와 통(通)하는 신통력(神通力)을 발휘한다.

- 신욕(神欲)은 직관지처럼 자연스레 사지와 백골을 움직이고 모든 기술행위를 창조한다. 감각기관이 멈추어지고 신욕이 작동하는 것은 각개 감각기관의 비지각화와 몸 전체의 지각화가 동시에 작동하는 것이다. 이 지점에서 몸은 철저히 변형되어 기의 명령만을 듣는다. 몸은 더 이상 개체가 아니라 우주의 모든 존재적 순환이 통과해야 하

는 응결점이 된다. …… 여기서 주목할 것은 어떤 사실에 대한 이론적 지식의 습득에 의해서가 아니라 몸으로 얻는 실천적 지식이 天理에 더 가까이 갈 수 있다는 점이다. 즉, 포정의 몸짓 자체의 현장성과 즉흥성으로 터득되는 심신합일의 실천지이다.[12]

포정이 소를 신(神, 神氣)으로써 만난다는 것은 신기의 마음(神通力)으로써 소와 하나가 된다는 '자연합일'의 의미를 갖는다. 자연합일의 경계는 차별과 주객이 없는 무대(無待)의 세상이다. 그곳에서는 소와 하나가 되어 주객 사이의 간극이 없어진다. '포정 해우'는 수양의 필요성과 진인의 자유자재한 모습, 자연의 순리에 따르는 양생의 모습을 동시에 보여 주고 있다.

『외편(外篇)』에 나오는 「산목(山木)」의 '쓸모없는 나무와 울지 못하는 거위' 이야기 역시 양생의 도를 말해 주고 있다.

12 손병석 외, 『동서 철학 심신관계론의 가치론적 조명』, 한국학술정보, 2013, 164~165쪽.

• 莊子行於山中, 見大木, 枝葉盛茂, 伐木者止其旁而不取也. 問其故, 曰 "無所可用." 莊子曰 "此木以不材得終其天年!" 出於山, 舍於故人之家. 故人喜, 命豎子殺雁而烹之. 豎子請曰 "其一能鳴, 其一不能鳴, 請奚殺?" 主人曰 "殺不能鳴者." 明日, 弟子問於莊子曰 "昨日山中之木, 以不材得終其天年, 今主人之雁, 以不材死. 先生將何處?" 莊子笑曰 "周將處乎材與不材之間." 材與不材之間, 似之而非也. 故未免乎累. 若夫乘道德而浮游則不然. 无譽无訾, 一龍一蛇, 與時俱化, 而无肯專爲. 一上一下, 而和爲量. 浮游乎萬物之祖, 物物而不物於物, 則胡可得而累邪? 此神農皇帝之法則也. 若夫萬物之情, 人倫之情則不然. 合則離, 成則毁, 廉則挫, 尊則議, 有爲則虧, 賢則謀, 不肖則欺, 胡可得而必乎哉? 悲夫. 弟子志之, 其唯道德之鄕乎.

장자가 산속을 가다가 큰 나무를 보았다. 가지와 잎이 무성한데 벌목꾼이 바로 옆에 있으면서도 베려 하지 않았다. 그 이유를 물으니 "아무 쓸모가 없소"라고 했다. 장자가 말했다. "이 나무는 쓸모가 없으므로 천수를 다 누릴 수 있게 되었구나!" 산에서 내려와 친구의 집에 머물게 되었다. 친구가 반가워하며 아이에게 거위를 잡아 삶도록 하였다. 아이가 물었다. "한 마리는 잘 울고 한 마리는 울지 못합니다. 어느 놈을 잡을까요?" 주인이 말했다. "울지 못하는 놈을 잡아라." 다음 날 제자들이 장자에게 물었다. "어제 산속의 나무는 쓸모가 없기에 천수를 누릴 수 있었는데, 오늘 주인집 거위는 쓸모가 없어서 죽게 되었습니다. 선생님은 어디에 머무르시렵니까?" 장자가 웃으며 답했다. "나는 쓸모 있음과 쓸모없음 사이에 머물겠다." (그러나) 쓸모 있음과 쓸모없음의 중간이란 도와 비슷하면서도 참된 도가 아니어서 화를 아주 면하지는 못한다. 만약 (이런 구별을 떠나서) 자연의 도에 의거하여 (자연 속에서) 유유히 노닌다면 그렇지 않게 된다. (거기엔) 영예도 비방도 없고, 용이 되었다 뱀이 되었다 하듯 때의 움직임에 따라 변화하여 한군데에 집착하지 않는다. 올라갔다 내려갔다 하며 대상과 화합을 도량으로 삼는다. 마음을 만물의 근원인 도에 노닐게 하여 만물을 뜻대로 부리되, 그 만물에 사로잡히지 않으니 어찌 화를 입을 수 있겠는가! 이것을 신농 황제의 법칙이라 한다. (그러나) 대저 만물의 실정이나 인간 세상의 이치란 그렇지를 못하다. 만나면 헤어지고, 이뤄지면 무너지고, 모가 나면 깎이고, 신분이 높으면 비방을 받으며, 무슨 일을 해 놓으면 어딘가 문제가 생기고, 현명하면 모함을 받으며, 어리석으면 속으니, 어찌 화를 면할 수 있겠는가! 슬픈 일이다. 제자여, 이것을 명심하라. 다만 (자연의) '도와 덕의 경지'에서 노니는 자만이 겨우 화를 면할 수 있음을![13]

윗글의 '도덕지향(道德之鄕)'을 장자는 '환(環)'이라 했다. 기의 취산(聚散)에 따라 기가 질(質)·형화(形化)되는 가운데 만물이 대대(待對) 관계 속에 생멸의 띠를 이루는 게 환이다. 장자의 수양은 현상 세계의 '대대적 삶'의 프레임이 씌우는 질곡을 벗어나 원환(圓環)의 중심, 즉 환중(環中)[14]에 이르는 길이다. 어떻게 해야 사적인 몸과 마음의 상대성을 벗어나 절대의 환중에 이를 수 있는가? 환중은 기가 개체적으로 형화되기 이전의 순수한 원기라고 할 수 있다. 만물은 이 하나로부터 분화되어 서로 차이를 만

13 이 글은 「인간세」에 나오는 '상수리나무'를 예로 든 '쓸모없는 나무' 이야기와 논리적 충돌로 이해될 수 있다. 그러나 '상수리나무'의 경우는 인간세의 '無用之用(쓸모없음의 쓸모)'에 대해서 말한 것이고 이 글에 나오는 '쓸모없는 나무와 울지 못하는 거위' 이야기는 인간세를 초월한 무분별 경계인 자연에서의 도와 덕에 관한 이야기로 이해하면 될 것이다.

14 『장자』 「제물론」 14장. 彼是莫得其偶 謂之道樞 樞始得其環中 以應無窮(저것과 이것이 待對하지 않는 것을 도추라고 한다. 도추라야 순환의 중심을 얻으며, 그래야 무한히 응할 수 있다).

들어 내고, 우리는 그 차이를 따라 이것과 저것을 분별하게 된다. 여기서 우리의 일상 의식은 표층의 차이에 주목하는 분별적 사고로 나아가고, 환중을 지향하는 양생적 의식은 심층의 하나에 주목하는 무분별적 · 근원적 사고로 나아간다. 도가의 수양과 양생은 현상적인 외적 차이를 자신의 내적 차이로 포괄하는 원의 중심을 지향하며, 표층상의 시비 분별을 심층에서 무화시키는 무분별적 · 근원적 사고로 나아가는 일이다.

- 학문을 하면 나날이 더해지고, 도를 닦으면 나날이 덜어진다. 덜어 내고 덜어 냄으로써 무위에 도달하게 되면, 무위이되 이루지 못하는 것이 없다.[15]

이처럼 분별적 지식이나 욕망을 덜어 내어 하나의 근원으로 복귀하는 것을 노자는 '허기심(虛其心)'이라 했고, 장자는 '망아(忘我)' 또는 '상아(喪我)'라 했다. 그것은 분별적 대상으로 치닫는 산만함인 좌치(坐馳)를 극복하고 본래의 청정한 마음으로 되돌아온다는 의미에서 마음의 재계,

15 『도덕경』 48장. 爲學日益 爲道日損 損之又損 而至於無爲 無爲而無不爲.

곧 심재(心齋)라고 한다. 대대의 현상 세계로부터 그 현상의 근거인 절대로 나아가려는 것, 기의 흐름을 따르는 유동의 원환으로부터 그 원환의 중심으로 복귀하려는 것, 도와 하나 되는 것이 노 · 장 수양의 지향점이며, 이는 곧 도교(道敎) 수행의 핵심으로 이어지는 대목이다.[16]

지금까지 살펴본 바와 같이 도가 수양론의 바탕은 기론(氣論)이다. 도가는 기일원론(氣一元論)적 심신관계론(心身關係論)을 바탕으로 몸과 마음을 氣로써 통합하고, 그 통합된 身[17]을 우주적 몸으로 합일시킨다. 도가에서 수양 또는 양생이란 우주의 기적 질서와 조화되는 행동을 반복 연습함으로써 우주와 나 사이의 기를 동조화(同調化)시키는 것이다.

도가의 기일원론적 심신관계론은 '보이는 몸'의 수치적인 단련에만 몰두하고, '보이지 않는 몸'의 진정한 활신(活身)의 즐거움을 망각하고 있는 현대 사회에 시사점을 주고 있다. 이러한 관점은 사회적 규범에 구속되어 있

16 한자경, 『명상의 철학적 기초』, 이화여자대학교출판부, 2011, 136~147쪽.

17 도가의 심신일원론에서 身은 몸(육체)인 形과 마음(정신)인 心이 기로써 일원화된 개념이다.

는 몸의 해방을 일깨우고 진정한 몸생명을 모색하게 하는 가치론적 의의를 갖는다. 도가의 심신 대립을 넘어선 정신 해방은 몸을 경시하고 정신적 관념세계에만 머무는 것이 아니라 몸의 해방과 함께하는 것이다.

7

유가(儒家)의 수양(修養)

공(孔)·맹(孟)의 수양론

공(孔) · 맹(孟) 시절의 선진 유학(先秦 儒學)에 비하여 『주역』과 『중용』을 근간으로 하여 우주론과 심성론의 이론 체계를 갖춘 송대의 정주학(程朱學: 정명도 · 정이천 형제와 주희에 의해 설립된 신유학, 즉 성리학)은 정통의 순수성 문제가 거론될 만큼 내용상 상이한 측면이 있다. 공 · 맹의 선진 유학은 우주론(또는 존재론)에 기반한 바 없이 바로 인간의 본성을 말했다. 그것은 학문적 체계성을 띤 논리적 규정이라기보다는 인에 대한 순수한 서술이라고 할 수 있다. 이에 비하여 정주학은 상당한 토론과 탐색을 통해 존재론과 심성론 및 수양론을 구축한 측면이 있다. 따라서 유가 수양론에의 접근은 유학의 큰 두 줄기인 선진 유학과 송 · 명대 유학의 수양론을 '따로 또 같이' 살펴보는 방식을 취할 필요가 있다.

다시 말하면 공 · 맹의 인성론에 기반한 '극기복례' 및 '존심양성'설이 주자의 심성론(중화신설)에서 발원하는 '미발함양-이발성찰-격물궁리'(주자 수양론의 완성태)설과 어떻게 다르며 어떤 공통 맥락을 갖는지를 살펴보는 유기적 이해의 노력이 필요하다. 유가 수양론의 이해가 이처럼 번잡스런 것은 유가 수양론의 이론적 미비가 불가 수행론의 자극을 받아, 또는 불가 수행론과 경쟁 관계 속에서 보완되면서 뒤늦게 전에 없던 내용을 채우는 과정을 거쳤기 때문이다. 이와는 달리 불가의 수행론은 애초의 석가모니의 입설(解)에 입각한 실천(行)론으로서 한 줄기가 더욱 세련된 쪽으로 일관되게 연변(演變)되었고, 도가의 수양론 역시 노자의 존재론적 도(道) 개념을 장자가 수양론적 '경지'의 차원으로 계승 · 발전시키면서 일관성을 잃지 않았다.

살펴본 바와 같이 '존심양성(存心養性)'과 '수심양성(修心養性)'의 의미를 '마음을 보존하고 닦아 선한 본성을 보전하여 확장하는 공부'라고 할 때, 유학의 수양론은 공자가 자각한 인간의 본성 내용인 仁과 더불어 출발한다고 할 수 있다. 여기서 '자각'이란 서양 종교의 '신의 계시'에 대비되는 개념으로서 동양사상의 수양론적 특성을 나타낸다. 공자는『논어』에서 인(仁)을 말하면서 그것을 알게 된 유래에 대해서는 언급하지 않았다.

이는 그가 인을 마음속 당위(當爲)로서 직관적 통찰에 의해 스스로 체인(體認)했음과, 동시에 공자와 같은 인간 누구나 그런 자각에 이를 수 있는 가능성을 열어 두었음을 말해 준다. 계시(啓示)가 '타력(他力)이 가르쳐 보여 주는 것'이라면 仁[1]은 공자가 자력으로 터득한 인도(人道)의 개념이므로 누구나 공자처럼 스스로의 노력(수양)으로 터득할 수 있는 것이다. 따라서 공자의 수양론은 仁을 체득하는 방법론이라고 할 수 있다. 공자는 仁이 무엇인지에 대하여 이렇게 말한다.

- 夫仁者己欲立而立人 己欲達而達人. 能近取譬, 可謂仁之方也已.(「雍也」)

1 인은 후에 유학의 학문적 이론 체계 수립 필요성을 느낀 송대 유가에 의해 『주역』의 우주론과 『중용』의 심성론을 종합 · 연역한 '誠'이라는 천도와 인도를 겸한 개념으로 이론화된다.

> 무릇 인이란 자기가 서고자 하면 남도 세워 주고, 자기가 달성하고자 하면 남을 달성케 하는 것이다. 가까운 자신을 비유로 삼는다면 仁을 구하는 길(方)이라 할 수 있다.

仁이란 남을 나처럼 여기는 경지이다. 남을 나처럼 여기는 데는 사사로운 감정이 없어야 한다. 자신 안의 사사로운 감정을 없애는 일은 공심(公心: 공적 마음)을 세우는 일이며 이것은 스스로 주체성을 발휘함으로써 가능한 순수 자각의 범주이다. 여기에서 공자가 인을 구하는 방법으로 자아(自我)의 주재성(主宰性)을 밝혔다는 데에 仁을 향한 수양론적 함의가 있다. 이로써 공자는 천도로써 예의 근본을 삼는 종래의 세속신앙적 관념을 바꿔 놓았다. 이는 또한 훗날 성리학에서 성(性)을 천명(天命)으로 본 것과도 같지 않다. 공자에 따르면 인은 가까운 자신에서 자각을 통해 터득하는 것이어서 잠시라도 밖에서 구할 수가 없다. 유가 이론은 어디까지나 현실 인간세의 교화(敎化)를 지향하므로 仁이란 인간의 공동체적 삶과 질서 유지를 위한 선한 연대의식이라고 할 수 있다.

• 子曰 苟志於仁也, 無惡也.(「里仁」)

진실로 인에 뜻을 두면 죄악(그릇됨)이 없다.

우리가 크게 仁하면 公心을 가득 갖추고 있는 것이어서 사사로움이 없으므로 공적인 기준에 맞는 이치에 따라 시비(是非)를 판단할 수 있다. 이렇게 公心으로 가려낸 옳음은 곧 의(義)이다. 그러므로 仁은 義의 근본이 된다. 대개 義란 정당성(올바름)을 가리키며, 우리가 올바름을 구할 수 있는 것은 우리가 공심을 세울 수 있는 데에 있다. 공심과 사사로움의 관계는 동전의 양면과 같아서 공심이 서지 못하면 반드시 이욕(利慾)에 빠지게 된다. 공심이 세워지면 저절로 합리적 직분(理分)에 따라갈 수 있다. 공심을 세우는 것이 仁이요, 이치에 따르는 것이 義이다.

뒷날 맹자는 공자의 인(仁) · 의(義) 관념을 밝혀 말하기를 "인에 머물고 의를 거친다(居仁由義)"라고 했고, 또 "仁은 '인간의 마음'이요, 義는 '인간의 길'"이라고 했다. 仁은 자각의 내용이며, 義는 이 자각의 활용이다. 公心을 세울 수 있는 자는 실천 중에서 반드시 올바름(正當)을 구하게 된다. 이것이 바로 인은 의의 기초요, 義는 仁이 드

러난 것이 되는 까닭이다.[2]

• 顏淵問仁. 子曰 克己復禮爲仁. 一日克己復禮, 天下貴仁矣. 爲仁由己, 而由人乎哉? 顏淵曰, 請問其目. 子曰 非禮勿視, 非禮勿聽, 非禮勿言, 非禮勿動.(『顏淵』)

안연이 인을 물었다. 공자께서 대답했다. "자기(사욕)를 누르고, 禮에 돌아가는 것이 仁이다. 하루만 극기복례하면 천하 사람들이 仁으로 돌아갈 것이다. 仁을 행함은 자신에 달려 있는 것이지 남에게 있겠는가?" 안연이 그 세목을 청하였다. 공자께서 말하길 "예가 아니면 보지 말고, 예가 아니면 듣지 말고, 예가 아니면 말하지 말고, 예가 아니면 움직이지 말라."

윗글은 仁과 禮의 관계를 말하고 있다. 극기(克己)는 사사로움을 제거하는 것이며, 복례(復禮)[3]는 이치에 따르는 것이다. 사욕을 누르고 禮로 돌아감은 곧 공적인 이치(올

2 노사광, 『中國哲學史』(古代篇), 정인재 옮김, 探求堂, 1990, 74쪽.

3 禮는 협의로 儀式을 말하고 광의로는 공적인 질서나 질서 의식을 의미한다. 질서는 공적 기준의 이치(理)에 맞게 차례가 유지되는 것이다. '공적 기준의 이치에 맞음'은 곧 義이니 禮는 義의 표현이다.

바름)에 맞게 행동함, 곧 義의 실천이다. 사욕을 억누르고 禮로 돌아감, 즉 克己復禮는 이치에 따라서 올바름을 구하려는 의지의 방향대로 행동한다는 말이다.

여기에서 仁·義·禮는 '仁 → 義 → 禮'의 관계를 형성함을 알 수 있다. '질서 의식'인 禮는 義를 그 내용으로 삼고, 義는 또 仁을 기초로 삼는다. 公心(仁)에서 공적인 올바름(義)이 나오고 올바름은 禮로써 나타난다. 거꾸로 거슬러 보자면 사람은 예를 지킴으로써 '올바름을 추구하려는' 의지를 양성한다. 公心(仁)이 없으면 질서(禮)를 세울 수 없다. 질서는 올바름(義, 정당성)에 의거하고, 올바름을 구하려면 公心에 의거해야 한다. 이러한 의지 관계로 인하여 公心이 환기된다. 여기에서 克己復禮에 공자 수양론의 한 측면이 있음을 알 수 있다. 공자는 仁을 묻는 안연에게 仁(公心)을 환기시키는 수양의 방법을 말한 것이다. 그것은 克己復禮이고 좀 더 구체적인 방법(세목)은 '비례물시(非禮勿視), 비례물청(非禮勿聽), 비례물언(非禮勿言), 비례물동(非禮勿動)'이다.

여기에서 '克己復禮'를 '仁 ← 義 ← 禮'의 도식으로 풀이하여 '禮'라는 외형적인 규제로써 애초에 '없던' '仁'을 새로

이 '양성'하는 것으로 판단해서는 안 된다. '禮'를 수양의 방법으로 삼는 것은 순자 수양론 또는 일본의 예치사상(禮治思想)에 기반한 '일본다도'나 서양의 행동주의 학습이론 등에서 볼 수 있는 것으로 성악설에 근거하는 것이다. 공자의 '극기복례'는 성선설을 내포하고 있음을 잊어서는 안 된다. '克己復禮'는 사람의 본성으로서 원래 타고난 仁을 예(禮)로써 환기시키고 함양(涵養)하는 일이다.

공자의 仁을 함양하는 수양 방법 중 또 다른 하나는 충(忠) · 서(恕)의 개념에서 볼 수 있다.

- 子曰 參乎! 吾道一以貫之. 曾子曰 唯. 子出, 門人問曰 何謂也? 曾子曰 夫子之道 忠恕而已矣.(「里人」)
  공자께서 말했다. "曾參아! 나의 道는 하나로 꿰뚫었다." 증자가 말했다. "알겠습니다." 공자가 밖으로 나가자 문인들이 (증자에게) 물었다. "(선생님의 말씀은) 무슨 뜻인가?" 증자가 대답하였다. "선생님의 道는 忠恕일 뿐이다."

증자는 忠과 恕를 공자가 지닌 '일관지도(一貫之道)'로 판단했다. 여기서 道=忠 · 恕라면 道와 仁, 仁과 忠恕의 관계는 어떤 것인가?

- 子曰富與貴, 是人之所欲也. 不以其道得之, 不處也. 貧與賤, 是人之所惡也. 不以其道得之,[4] 不去也. 君子去仁, 惡乎成名?(「里人」)

  공자께서 말했다. "부와 귀는 사람이 다 바라는 것이다. 道로써 그렇게 하는 게(부귀에 머무름) 아니라면 거기에 머물지 않는다. 가난과 천함은 사람이 다 싫어하는 것이다. 道로써 그렇게 하는 게(빈천을 버림) 아니라면 굳이 버리지 않는다. 군자가 인을 버리고서 어떻게 이름을 이루겠는가?"

이 글에서 공자는 道와 仁을 같은 맥락으로 사용하고 있다. 그렇다면 仁과 忠恕는 어떤 관계일까?

4 『논어』에서 우리말로 번역하기 어려운 문구의 하나이다. '(부귀에 머무름이나 빈천을 버림이) 정당한 방법(道 또는 仁)으로 그렇게 할 수 있는 것이 아니라면'으로 번역하는 게 적절하다. 즉, 부귀를 좋아하고 그것에 머무름이나 빈천을 싫어하고 그것을 버림은 공적으로 정당하게 해야 한다는 의미이다. '以其道得之(도로써 그렇게 할 수 있음)는 모든 일이나 행동의 기준을 인에 두어야 한다는 의미이다.

- 仲弓問仁. 子曰 出門如見大賓, 使民與承大祭, 己所不欲 勿施於人.(「顔淵」)
  중궁이 인을 물었다. 공자께서 대답했다. "밖에 나가서는 (사람을 대할 때는) 큰손님을 만난 듯이 하며, 백성을 부릴 때는 큰 제사를 모시듯이 하고, 내가 하고 싶지 않은 것을 남에게 시키지 말라."

- 子貢問曰 "有一言而可以終身行之者乎?" 子曰 "其恕乎! 己所不欲, 勿施於人.(「衛靈公」)
  자공이 물었다. "한마디로 일생 동안 행할 수 있는 것이 있습니까?" 공자께서 말했다. "그것은 恕이다! 자기가 하고 싶지 않은 것을 남에게 시키지 말라."

윗글과 아랫글을 대비해 보면, 아랫글에서 윗글과 중복되는 부분(己所不欲 勿施於人)을 恕라고 설명하고 있으니 윗글 앞부분 '出門如見大賓, 使民與承大祭'은 忠임을 알 수 있다. '出門如見大賓'은 공경하고 삼감(敬), '使民與承大祭'은 정성을 다하여 받듦(誠)을 말한다. 이 두 구절은 공경스럽고(敬) 성실한 태도(誠)를 나타낸다. 공경스럽고

성실한 태도는 바로 자신의 마음을 극진히 하는 것(忠)이다. 따라서 忠의 세부 내용은 敬과 誠이다.

『논어』에서 공자가 忠을 상세히 설명한 대목은 눈에 띄지 않는다. 그러나 忠 자의 공통된 뜻으로 보건대, 공자가 말한 '충성과 믿음을 주로 하라(主忠信)', '충고하여 그를 선도하라(忠告而善導之)' 등의 말은 모두 忠의 의미가 바로 誠과 敬임을 가리킨다. 그러므로 仲弓의 네 구절을 합하여 볼 때 공자가 말한 것은 바로 忠과 恕 두 개념을 仁으로 해석한 것임을 알 수 있다. 뒷날 송유(宋儒)는 '자기를 극진히 발휘하는 것'을 忠이라 하고, '자기를 미루어 보는 것'을 恕라 한다(盡己之謂忠 推己之謂恕)고 충서의 뜻을 해석했다.[5] 忠은 글자 뜻대로 '마음(心)의 중(中)을 확보하는 것', 즉 마음에 흔들리지 않는 기둥을 세우는 일이고, 恕는 충에 바탕하여 다른 사람을 이해하고 마음을 헤아려 주는 것이다.

여기에서 仁과 忠·恕의 관계를 좀 더 상세히 들여다보자. 仁은 내가 서고자 할 때 남을 세워 주는 公心의 '의지'이다. 이 '의지'는 실천행동(禮)으로 나타나야 그 의미가

5 위의 책, 89쪽.

실현된다. 실천행동으로 나타나는 인의 양 측면은 '사리사욕에 얽매여 있지 않음'과 '남을 위함'이다. 전자는 자신에 대한 처신으로서 '利慾에 지배되지 않아 생각마다 구차스럽지 않음', 즉 忠이다. 후자는 남에 대한 처신으로서 '남을 자기처럼 생각하는 것', 즉 恕이다.

그러나 모든 사람에게 있어서 본성인 仁이 저절로 실천행동으로 옮겨지는 것은 아니다. 공자와 같은 선각자의 가르침으로 우리 심성에 仁이 들어 있음을 믿어 이해하고 이를 실천행동으로 구현하려는 노력이 필요하다. 공자가 忠恕를 말한 것은 仁이라는 '의지 상태'에 도달하기 위해 마음을 닦는 방법을 말한 것이라고 할 수 있다. 즉, 仁의 경계에 도달하기 위해 의지를 단련하는 忠·恕가 공자의 수양법이라고 할 수 있다. 공자의 수양론에서 확인된 忠·恕의 내용인 敬과 誠은 훗날 송대 성리학에서 공부법으로 자리 잡는다.

파생이론으로서 공자는 義와 命을 각각 '자각적 주재'와 '객관적 제한'으로 구분하고 자신의 경우를 예로 의와 명을 가릴 수 있는 인격 성숙의 단계를 설명했다. 이 또한 공자의 수양론에서 '수양의 단계적 공효(功效)'라는 측면으로 이해할 수 있겠다.

- 子曰 吾十有五而志於學, 三十而立, 四十而不惑, 五十而知天命, 六十而耳順, 七十而從心所欲不踰矩.(「爲政」)

  공자 왈 나는 열다섯에 배움에 뜻을 두었고, 서른에 주견이 섰으며, 마흔에 의혹이 없었고, 쉰에 천명을 알았으며, 예순에 이순(耳順: 義와 命을 가리기 수월함)하였고, 일흔에는 마음대로 해도 법도에 어긋남이 없었다.

여기서 지천명은 사람의 힘으로 할 수 있음과 없음(객관 제한)을 알았다는 뜻이다. '불혹' 이전의 공부는 옳고 그름(도덕적 가치판단)을 가릴 수 있는 자각적 의지(義)의 배양이어서 不惑에 와서 義를 잘 가릴 수 있게 되었고 이윽고 知天命에 와서는 義와 구별되는 사실의 문제(命, 天命)를 알게 되어서 인간이 주재할 수 있는 영역(義)과 주재할 수 없는 영역(命), 즉 사실과 가치판단의 문제가 분리되어 드러나게 되었다. 그럼으로써 耳順으로부터 마음껏 하고 싶은 것을 해도 저절로 義와 命의 구분에 따르는 것이 되어 법도에 어긋나지 않는 영역으로 들어간 것이다.

공자는 이 밖에 "도에 뜻을 두고, 덕에 근거하고, 인에 의지하며, 예에서 노닐다(志於道, 據於德, 依於仁, 游於藝)"(『論語』「述而」), "시에서 일어나고,[6] 예에서 바로 서며,[7] 악에서 완성한다[8](興於詩 立於禮 成於樂)"(『論語』「泰伯」)라고 하여 수양론을 보강했다.

- '游於藝'의 '藝'는 六藝(禮樂射御書數)의 '藝'다. 공자가 "군자는 도에 뜻을 두고 덕에 근거하며 인에 의지하는 것" 외에 "예에서 노닐다"라고 한 것은 군자가 물질적 기능과 관련이 있는 모든 훈련을 숙련하고 습득해야 함을 말하는 것이다. 물질적 기능을 습득하는 데는 자연의 합법칙성을 이해하고 운용하는 것을 포함한다. 기능에 대한 숙련과 습득도 자유감을 낳는 기초가 된다. "예에서 노닐다"의 '예'는 바로 이러한 습득에서의 자유감을 강조한 것이다. 공자는 인간이 객관적 세계를 다루는 과정 중에서 심신의 자유를 느끼고 획득하며, 그것은 동시에 인간의 인격상의

6 시가 주로 인간에게 언어 · 지혜의 계발과 고양을 일으킨다는 의미.

7 예의 규범에 대한 자각적 훈련과 습득을 말함.

8 내재적 심령의 완성을 말함.

이상을 실현할 때 기술적 습득의 역할 중시한 것이다.[9]

결국 객관적 기예와 사물의 규칙을 물질적 실천을 통해 숙련하고 습득하여 자유롭게 운용함은 실천력을 몸에 갖춘 인격의 완성을 뜻하는 것으로서 공자가 말한 "마음이 하고자 하는 대로 하여도 법도를 넘지 않는" 것(從心所欲不踰矩)을 가능케 한다. 공자의 이러한 수양론은 송대(宋代)의 격물궁리(格物窮理)론으로 이어진다.

윗글에서 또 '成於樂'은 악의 도야를 통해 완전한 인격을 완성한다는 뜻이다. 악은 성정을 완성하는 것이고 성정을 완성하는 것은 또한 몸을 수양하는 것이기 때문이다. 詩가 인간에게 사유를 고취시키고, 禮가 외재적 규범을 준수토록 한다면, 樂은 위에서 말한 바의 藝처럼 내재적 성정의 완성을 기한다고 할 수 있다.

공자의 수양론과 관련해서 『심경』에서는 『논어』 「자한(子罕)」 편에 나오는 '절사(絶四)'[10]를 소개하고 있다.

9 리쩌허우(李澤厚), 『華夏美學』, 조송식 옮김, 아카넷, 2016, 95~97쪽.

10 毋意(의도함이 없음), 毋必(기필함이 없음), 毋固(고집함이 없음), 毋我(사사로움이 없음).

맹자는 성선설을 제시하여 공자의 仁·義·禮 학통을 보충·완성했다. 그런 만큼 수양론에 대해서도 맹자는 좀 더 구체적인 언급을 했다. 맹자는 '마음을 간직하고 성품을 배양하는' '存心養性'의 방법을 제시했다. 存心의 과제로서는 마음을 수렴하는 구방심(求放心)과 마음의 중심을 확립하는 부동심(不動心)을 말하고, 養性의 과제로서는 '養氣'의 방법으로 야기(夜氣)와 호연지기(浩然之氣)를 기르는 방법을 제시했다. 여기에서 알 수 있는 것은 맹자는 당시 사상의 전반적 저류로 흐르던 기론(氣論)을 수양론에 응용했다는 것이다. 맹자의 수양론은 「공손추(公孫丑)」장에서 찾아볼 수 있다.

● 曰 敢問夫子之不動心, 與告子之不動心, 可得聞與? 告子曰 不得於言, 勿求於心. 不得於心, 勿求於氣. 不得於心, 勿求於氣可. 不得於言, 勿求於心, 不可. 夫志, 氣之帥也. 氣, 體之充也. 夫志至焉, 氣次焉, 故曰持其志, 無暴其氣. 旣曰, 志至焉, 氣次焉. 又曰, 持其志 無暴其氣者, 何也? 曰志壹則動氣, 氣壹則動志也. 今夫蹶者趨者, 是氣也, 而反動其心.(公孫丑 上)

"감히 여쭙건대, 선생님의 부동심과 고자의 부동심의 차이를 들을 수 있겠습니까?" "고자는 말에서 얻지(理解) 못하면 마음에서 찾지 말고, 마음에서 얻지 못하면 氣에서 찾지 말라고 하였다. 그런데 마음에서 얻지 못하면 氣에서 찾지 말라고 한 것은 괜찮으나, 말에서 얻지 못하면 마음에서 찾지 말라고 한 것은 옳지 않다. 대체로 의지는 氣의 통솔자이고, 氣는 몸에 가득 차 있다. 의지가 이르는 곳에는 기가 부차적으로 따른다. 그러므로 그 의지를 꼭 잡고 있되 또한 氣를 난폭하게 만들지 말라고 하였다." "이미 의지가 전일하게 되면 氣는 부차적으로 따른다고 했는데, 또 그 의지를 꼭 붙잡고 氣를 난폭하게 만들지 말라고 하는 것은 무슨 뜻입니까?" "의지가 전일하게 되면 氣를 이끌어 갈 수 있고, 또 氣가 전일하게 되면 의지를 이끌어 갈 수 있다. 지금 넘어지고 달리는 것은 氣로 인한 것이지만 이 氣가 돌이켜서 또한 마음을 움직이게 하기 때문이다."

윗글은 '求放心'으로 지켜 낸 마음이 더 이상 흔들리지 않도록 중심을 잡는 '不動心'에 관한 언급이다. 말(言)은 인식의 표현, 마음(心)과 지(志)는 덕성 또는 덕성을 지향하는 마음의 방향, 기(氣)는 감정의 흐름을 각각 가리킨다. 유학은 덕성을 중시하므로 반드시 지(志)로써 氣를 통솔해야 하고, 또 마음으로 말을 바로잡아야 한다. '志로써 氣를 통솔하는 최후의 경계는 생명정의(生命情意)의 이성화'[11]이다. '생명정의의 이성화'란 志로써 氣를 잘 통솔하여 정(情)이 심(心)의 관할하에 절도에 맞게 작동하도록 하는 것으로서 곧 '중용(中庸)'의 상태를 이룸을 말한다. 이런 상태에 이르는 공부 과정이 맹자의 氣的 수양론으로서의 '양기(養氣)'이다.

- 敢問, 夫子惡好長? 曰, 我知言, 我善養吾浩然之氣.(「公孫丑 上」)
  "감히 여쭙겠습니다. 선생님은 무엇에 뛰어나십니까?" 대답하기를 "나는 남의 말을 알고(知言), 나의 호연지기를 잘 기른다."

지언(知言)은 다른 사람의 말(言)에 나타나는 덕성을 내 마음(心)으로 비추어 읽어 낸다는 뜻이고, 호연지기를 기름(養氣)은 내 마음의 의지(志)로 기를 잘 통솔하여 바람직

11 노사광, 『中國哲學史』(古代篇), 정인재 옮김, 探求堂, 1990, 137쪽.

한 방향으로 기가 대거 확충되도록 한다는 의미이다.

- 敢問, 何爲浩然之氣? 曰, 難言也. 其爲氣也, 至大至剛, 以直養而無害, 則塞於天地之間. 其爲氣也, 配義
與道, 無是, 餒也. 是集義所生者, 非義襲而取之也. 行有不慊於心, 則餒矣. 我故曰, 告子未嘗知義, 以其外之也.(「公孫丑 上」)
"감히 여쭙겠습니다. 호연지기란 무엇입니까?" 답하기를 "말하기 어렵다. 그 호연지기의 氣로서의 특징은 지극히 크고 강건하여 곧게 길러 아무런 해침이 없으면 천지 사이에 꽉 차 있게 된다. 그 기는 義와 道에 짝하고 있다. 이것(義와 道)이 없으면 (氣는) 굶주리게 된다. 이것은 義를 모아서(集義) 생기게 된 것이다. 義가 (저절로) 엄습해 와서(義襲) 이를 얻은 것이 아니다. 행위함이 마음에 흡족하지 않음이 있으면 (호연지기는) 굶주리게 된다. 나는 그러므로 고자는 義를 알지 못했다고 말했다. 그것은 그가 義를 밖에 있는 것으로 여겼기 때문이다."

송대 성리학의 수양론

마음의 정적(情的) 요소(氣)가 志(이성)에 의해 온전히 통솔될 수 있는 상태를 '감정의 이성화'라고 한다면, 이성화된 氣는 지극히 강해진다. 맹자는 "의와 도에 짝하고 이것이 없으면 굶주리게 된다"라고 말하고 "호연지기는 集義의 소생……"이라고 말함으로써 '養氣', 즉 호연지기를 기르는 방법이 '의로움을 쌓는 일'임을 알려 주고 있다. 여기에서 유가의 수양론이 초월적 인식론 차원에 있는 道·佛의 수양론과 달리 세속적 가치를 지향하고 있음을 알 수 있다.

유가의 수양론은 송대에 들어와 성리학의 전개와 함께 전기를 맞는다. 수양론적 견지에서 볼 때 성리학의 핵심 이론인 '성즉리(性卽理)'는 두 방향의 수양론적 전제를 담고 있다. 하나는 인간의 본성(性)과 마음(心)을 구분하여 선성(善性)을 실현하는 실천적 활동성인 마음의 역할에 대한 강조이다. 이 선성을 담지한 마음을 일단 돈독히 하려는 노력이 존덕성(尊德性, 居敬涵養)의 공부이다. 다른 하나는 본성으로 자리 잡고 있는 리(理)가 개개의 구체적인 현상에서 기(氣)의 차이에 따라 차별적인 모습으로 나타난다는 것이다. 이 개별적인 차이를 파악하다 보면 세계 전체의 이치를 총괄적으로 이해하게 되는 것이다. 이는 현장의 도덕 실천을 위한 이치의 탐구인 격물치지(格物致知, 省察 · 窮理 · 道問學), 현장에서의 실천인 예의 준수와 같은 '역행(力行)'이라는 수양의 모습으로 나타난다.

존덕성의 공부는 다시 마음 안에 정(情)이 발하기 이전인가 이후인가에 따라 '미발시공부(未發時工夫)'와 '이발시공부(已發時工夫)'로 나뉜다. 미발시공부는 마음 안에 어떤 감정이나 사려분별이 일어나지 않은 상태에서의 공부이다. 미발시 마음은 아무런 감각이 없고 오로지 정적(靜寂) 속에서도 성성(惺惺)하게 깨어 있는 '허령불매(虛靈不昧)'의 상태이다. 미발시공부는 허령불매의 마음, 즉 마음 심층의 본성 또는 마음 자체를 확인하고자 하는 것이다. 그 공부법이 '계신(戒愼) · 공구(恐懼)'이다. 이발시공부는 마음이 막 움직이기 시작하는 낌새(幾微)를 포착하여 그 안에 나타나는 성선(性善)의 여부와 정도를 잘 판별해서 마음의 주재성으로 조절할 수 있는 단서를 마련하는 것이다. 이 공부법, 즉 성선 실현을 위한 마음 다잡기를 은밀한 기미를 '홀로 신중히 살핀다'는 의미의 '신독(愼獨)'이라 한다.

그런데 미발공부에서 '허령불매'의 마음상태를 자각함

에는 지각되는 것과 지각하는 자가 둘로 구분된다는 관점[12]과, 지각되는 것과 지각하는 것이 서로 분별되지 않는다는 관점이 있다. 주희는 전자를 강조한다. 허령지각에서 지각하는 것은 氣로서의 心이며, 지각되는 것은 심 안에 함유된 理라고 생각한다. 주희는 심은 리를 알기 위해 심 자신을 불편하게 들여다보기보다는 차라리 천지만물에 나타나는 리를 직접 관찰하는 것이 더 확실한 방법이라고 생각했다.

그래서 주희 성리학은 미발공부 또는 마음공부보다는 사물을 통해 그 리(理)를 궁구하는 이발의 견문공부, 격물치지 공부를 더 중시하게 되는 경향이 있다. 주희는 미발을 심이 체인하기 어려운 경지로 보는 '중화구설(심체성용, 性體心用)'[13]의 잔념(殘念)을 떨궈 버리지 못했거나, 본

12 칸트는 인간에게 초월적 자아를 인식할 수 있는 지적 직관력이 없기 때문에 초월적 자아는 의식되지만 인식되지는 않는다고 했다.

13 주희의 미발함양공부는 중화신설의 심성 이해로부터 도출된 수양론이다. 이는 또한 맹자의 存心養性과 장재의 心統性情을 근간으로 성립된다. 즉, 미발함양은 존심을 통한 양성이며 이는 심통성정의 원리에서 가능하다. 주희의 스승 이동(李侗, 1093~1163)은 주희에게 먼저 미발의 기상을 체득할 것을 주문하고 그 방법으로 정좌 수행을 강조했다. 이동이 미발의 순간에 理一의 근본이 이미 내 안에 있음을 체인(體認)하라고 한 것은 分殊의 현상에 理一이 편만해 있음을 체득하라는 것이었고, 이는 불교의 직접적인 본체 인식 방식과 다름을 강조한 것이다. 주희는 처음에 이동 아

체를 직접 체인하는 불교 수행론과 차별을 두고자 했던 것이 아닌가 생각된다. 그러나 '사단리지발(四端理之發)'을 주장한 퇴계는 리는 지각되는 것이 아니라 심 안에서 스스로 실현되는 것으로 보았다. 이 경우 허령지각은 스스로 리를 실현시켜 구체적인 기의 세계를 형성하는 심의 활동성으로 간주된다. 이는 심(心)을 불가의 아뢰야식과 같은 층위로 파악한 것으로 보인다.

송대 성리학의 수양론 전개는 주돈이에서 주희에 이르는 성리학 발전 과정과 궤를 같이하면서 수양의 내용 내지 방법론적 개념으로 誠과 敬을 추출해 제시한다. 성

래에서 함양공부를 통해 미발체인을 얻고자 했으나 실패했고, 이동 사망 후 호남학파 장식(張栻)의 영향으로 병술년(1166년)에 미발은 심의 경지가 아니어서 체인이 불가능하므로 수행은 이발시 성찰일 뿐이라고 판단하여 '性體心用'의 中和舊說을 설립했다. 그러나 구설은 심과 성이 미발과 이발로 분리되어 이원화된다는 문제가 있었다. 그래서 다시 기축년(1169년)에 "미발의 '기상(氣像)'"이라는 데에 착안하여 미발이 심의 경지일 수 있음을 깨달아 '心統性情'의 中和新說을 세웠다. '심통성정'은 심이 미발(性)과 이발(情)로 구분되지만 그것은 마음(心, 氣) 안에서 체 · 용으로 관통(統)되므로 미발공부와 이발공부가 상즉(相卽)해 있어서, 미발공부는 이발공부의 전제가 되고 이발공부는 미발공부를 확인하는 과정이라는 의미를 갖는다. 즉, 위 '존심양성'의 논리에서 양성이 심의 미발에 내재하는 성(理)을 순순히 하는 것이라 할 때 미발에 갖추어진 리에 따라 그대로 이발에서 대응하는 것이 바로 양성인데 그 주체는 심이다. 이때 공부의 초점은 心에 있고 그 心의 공부는 存心이며 存心이 곧 養性이다. 또한 심은 성을 주재하는 것이므로 敬으로써 心을 보존하면 養性이 된다. 이것이 존심양성과 심통성정의 논리적 합일점이다.

과 경은 미발 · 이발시 공부에 두루 적용되는 유가 수양의 공통 기제(機制)이다. 불교에 사념처 수행이 있고, 도가에 심재(心齋)라는 수양 방법이 있는 것처럼 유가에는 誠 · 敬이라는 수양 방법이 있는 것이다.

誠이 성리학 수양법으로 대두된 것은 불교나 도가와는 다른 유가적 이론 체계를 정립하고자 한 한말~북송의 유가에 의해서 『역경』과 「중용」이 텍스트로 채택되면서이다. 이고(李翺, 770~846)는 『역경』과 「중용」의 재해석을 통해 「복성서(復性書)」를 저술하여 성인(聖人)과 誠의 철학적 단초를 제시했다. 그의 「복성서」 저술 취지는 '공 · 맹이 밝힌 유가의 性命의 도에서 마음을 다스리는 방법론을 확립하고자 함'이었다.

이고는 『역경』과 「중용」에서 각각 유가적 성인상과 성인의 본성이 誠임을 찾아낸다. 그리고 이를 기초로 인간과 우주 자연이 합일될 수 있는 근거는 인간의 덕성이자 우주 자연의 이치인 誠임을 밝힌다. 이고의 이런 노력은 자각 단계에 머물렀던 공 · 맹의 인도에서 나아가, 천도로부터 인도를 추출해 내는 방식으로 '자연의 인간화(천도 → 인도)'라는 이론 체계를 수립했지만 이후 전개된 성리학과 양명학의 도통 정통성 문제에 논란의 여지를 남겼다.

이렇게 이고가 『역경』과 「중용」을 전범(典範)으로 하여 뽑아낸 유가적 성인의 품덕인 誠은 북송 초기 도학자들의 사상 기조로 이어진다. 주돈이는 『역경』의 성인론과 「중용」의 성론(誠論)으로써 자신의 철학체계를 구축하고 이를 『태극도설(太極圖說)』과 그 해설서인 『통서(通書)』를 통해 개진한다. 그는 특히 『통서』에서 誠은 지극히 순수하고 선한 '하늘의 본원'이자 '성인의 근본'이며, 우주적 원리로서 인간의 본성으로 부여되어 있다고 주장한다.

그는 성인에 도달할 수 있는 길이 곧 모든 인간이 본성으로서 갖추고 있는 誠을 체인하는 것이라고 말하고 그 방법으로 '주정(主靜)'을 제시했다. 主靜하면 무욕(無欲)하고 무욕하면 誠에 가까워진다는 것이다. 주돈이에 있어서 '우주의 원리이자 인간의 도리'로서의 誠은 아직 수양 방법은 아니고 '主靜'이라는 수양 방법을 통해 체득해야 할 목표였다.

'主靜을 통한 본체로서의 誠의 인식'이라는 주돈이의 수양법은 그의 제자 이정(二程: 程顥 · 程頤)에 의해 배격된다. 이정은 유가 경전에 있는 敬의 내용을 재해석하여 미발공부만으로서의 靜이 아닌, 미 · 이발(動靜)을 아우르는 敬을 내세웠다. 이정은 본체로서의 誠의 파악은 일상의 인륜적 도리를 파악하는 것에서부터 출발하고, 공부가 진행되는 과정에서 늘 敬하여 일상에서 파악된 이치를 우주적 원리로서 함양하게 되면 그것이 곧 체인(體認)으로 이어지는 수양 공부라고 생각했다. 이정이 수양의 출발점을 일상의 이치 파악에 둔 것은 誠의 달성을 위한 실천성(誠之)을 강조한 것이다. 그 '誠하려는 실천성'은 다름 아닌 動 · 靜(已發 · 未發)을 관통하는 敬 공부를 통해 견인된다. 이정은 誠을 理로 대체하고 理를 敬 공부로써 파악하는 자신들의 수양 방법을 제시한 것이다.[14]

특히 정호는 誠을 원리로서 이해하고 그 원리의 체득은 敬 공부로써 가능하다고 하는 誠 · 敬 공부론을 제시했다. 정호는 주돈이의 靜 대신 더 적극적인 함양 방법인 敬을 주장한 것이다. 이 敬은 욕심을 없애는 主靜에서 더 나아가 마음을 안정시켜 誠을 구체화하려는 시도라고 할 수 있다. 정호는 敬을 더 적극화하기 위한 방법으로 정좌(靜坐)를 제시했다. 靜坐는 '主靜'의 '靜'의 상태를 유지하

14 손병석 외 11인, 『동서 철학 심신수양론』, 한국학술정보, 2013, 108쪽.

면서 '욕구의 무화(無化)'를 넘어 마음을 훨씬 더 적극적인 내성(內省)으로 집중하고자 하는 방법이다.

정이(程頤, 정이천)는 정명도가 誠·敬의 수양론을 내세운 것에서 나아가 敬을 더 강조하면서 주경(主敬)[15]과 격물궁리(格物窮理)의 공부방법론을 주장했다. 誠을 理로 대체하여 '性卽理'의 명제를 제시한 그는 일용간의 매순간에 집중하여 스스로 자신에게 갖추어진 이치(理)로서의 본성을 잘 보존하고 길러 내는 공부가 바로 함양으로서 敬이라고 했다. 그리고 자신에게 갖추어진 이치를 통해서 대상 사물의 이치를 궁구(窮究)하는 格物致知의 공부도 강조했다. 이것은 '리일(理一)'이라는 원리성이 개개의 사물이나 현상에 스며들어 있으므로 고원한 본체를 직관하는 主靜보다는 분수(分殊)의 현상에서 그 원리성을 찾아가는 공부를 강조한 것이기도 하다. 정이천은 誠을 본체의 측면에서 파악하고 공부 측면은 敬에 한정하여 已發공부를 중시했다.

정호(程顥)에 의해서 誠은 원리 파악의 기제로, 敬은 체득 공부법으로 정리됐던 성리학의 수양론은 정이(程頤)에

15 主靜은 靜을, 主敬은 敬을 각각 위주로 한다는 말이다.

의해 誠이 理로 대체되고 敬이 공부법으로 강조되는 쪽으로 갔다가 다시 주희에 와서 '誠과 敬'이 모두 공부법으로 자리 잡는 것으로 정리된다. 주희는 정이천의 主敬공부론이 이전의 유가 경전에 산재한 敬 개념을 유학의 실천적 공부론으로 추출해 낸 것임을 이해하고, 이발에 치우친 정이천의 敬을 이 · 미발을 관통하는 공부법으로 확장시킨다. 그는 '중화신설(中和新說)'에서 '심통성정(心統性情)', 즉 心 안에 미발과 이발이 相卽돼 있음을 파악한 터이다. 중화신설은 애초에 스승 이동이 지시한 대로 미발정시(未發 淨時)의 공부를 중시하는 견해이다.

주희는 誠에 대해서는 본체로 간주하여 태극(太極)이나 理와 동일한 궁극적 원리로 보면서도, 정이천이 誠을 理라 하여 본체로만 파악한 것과는 달리 誠을 공부의 방법으로도 파악했다. 주희는 誠의 본체로서의 성격을 '진실무망(眞實無妄)'이라 했다. 따라서 誠을 공부법으로 보면 '진실무망하고자 노력하는 것'이 된다. 또 敬 공부의 내용은 '구차하지 않고 단지 안으로 거두어들이고 삼가 두려워하여 방종하지 않고자 노력하는 것'이다.

- **誠의 관념이 『중용』 원문 중에서는 본체의(本體義)와 공**

부의(工夫義)를 모두 지니고 있다. 주돈이의 『通書』 중에서 誠의 용법도 역시 이러한 두 가지 신분을 가지고 있다. 『通書』 첫머리에서는 이렇게 말하였다. "誠者, 聖人之本." 이것은 공부와 본체의 두 뜻을 겸하여 말한 것이다. 대개 한 측면에서 성인이 나타내는 최고의 공부경계가 바로 誠이며, 또 다른 측면에서 誠은 형이상학의 원리가 되니, 이것이 '성인의 근본'이 된다.[16]

주희가 수양법으로서 성과 경을 강조한 것은 한때 선학(禪學)에 몰두한 적이 있는 그로서는 스승 이동의 가르침에 따라 불교 수행론과의 차별성을 기한 것이라고 볼 수도 있지만, 한편으로는 불교의 현란한 수행기법에 필적할 만한 유가의 수행 기제를 마련하고자 한 것으로 보인다. 예컨대 불교 수행법으로 사념처관이 있듯이, 未發과 已發 수양법인 涵養과 窮理를 견인하고 둘을 잇는 실제적 방법인 敬(또는 誠)을 설치하여 '거경-함양 · 궁리'라는 미발-이발 관통의 수양법을 완성하고 있는 것이다. 주희는 미발의 함양과 이발의 궁리에 걸쳐 공통적으로 경(敬)이 온

16 노사광, 『중국철학사(송명 편)』, 정인재 옮김, 탐구당, 1987, 125쪽.

마음의 주재임을 강조하고, 이를 통해 최종적으로는 본성과 정에 대한 마음의 주재(心統性情)를 확립하려 했다.[17]

그런데 앞에서 언급한 공자의 수양론에서 仁을 함양하는 공부법으로 忠과 恕가 있고 忠은 곧 誠 · 敬임을 알 수 있었다. 따라서 성리학의 수양법이 주희에 의해 誠과 敬으로 정리된 것은 한편으로는 공자 수양론의 재확인과 다름없다고 할 수 있을 것이다. 그러나 천도론(우주론)으로부터 추출된 성리학의 수양론이 인간의 자각성을 중시하고 우주론에 무관심했던 공자의 수양론과 맥이 닿느냐에 대한 이견이 있을 수 있다. 이런 관점에서 양명학의 '심즉리(心卽理)'설과 '치양지(致良知)'의 수양론은 공 · 맹의 수양론과 맥이 직결되는 것이라는 평가를 받는다.

양명학의 '心卽理'에서 心은 '초월적(선험적) 자각능력(가치판단능력)'이자 仁義의 가치가 나오는 원천(心=理)이다. 이는 성리학의 심이 온갖 이치(도덕과 사물의 이치)를 관조하는 경험적 마음의 활동성인 것과 다르다. 양명학의 心

17 주희는 거경궁리의 실제적인 공부로서 『소학』과 『대학』의 공부를 차례로 하라고 했다. 소학의 쇄소응대진퇴 및 6예는 敬을 통해 존심양성하는 방법이며, 대학의 공부는 소학에서 이미 이룬 성과를 기반으로 격물치지가 이루어지는 과정이라는 것이다.

은 가치판단의 주체적 실재로서 본성론(인성론)을 세우고 성리학의 심은 그 안에 별도로 性이라는 가치의 근원을 객관적 실재로 설정하는 심성론을 세운다. 따라서 양명학의 수양론은 오로지 心이 갖춘 가치판단 능력인 양지(良知)만을 대상으로 한 '치양지(致良知)' 한마디에 있다. 치양지는 양명학의 중심 관념인 도덕주체성을 드러내고 전개하는 일이다. 양명은 치양지의 방법으로 '치지격물(致知格物)'을 주장하며 다음과 같이 말했다.

- 치지격물이란 내 마음의 양지를 각각의 사물에다 실현하는 것이다. 내 마음의 양지는 이른바 천리이다. 내 마음속 양지의 천리를 각각의 사물에다 실현시키면 각 사물은 모두 그 이치를 얻게 된다. 내 마음의 양지를 실현시키는 것이 치지이다. 각 사물마다 모두 그 이치를 얻은 것이 격물이다. 이것은 마음과 이치를 합하여 하나로 만든 것이다.[18]

- 유가의 수양을 유가 외적 수양의 양태와 비교하며 현실적 삶에 연계시켜 생각해 보자. 성해영은 '아빌라의 테레사'

18 『전습록(傳習錄)』 중 '답고동교서(答顧東橋書)'

의 『내면(內面)의 성(城)』을 예로 들어 우리가 의식의 일시적 변형을 통해 신의 절대적 상태를 체험하고, 그 상태에 대한 명료한 앎을 가질 수 있으나, 우리는 그 상태에 지속적으로 머물러 있을 수 없거니와 그 앎이 현실적인 삶 속에서 윤리적으로 완성된 방식을 저절로 알려 주지 않으므로 지속적인 노력을 통해 '사랑'이라는 덕목을 겸손하게 실천할 때만이 신의 의지가 자신의 영혼을 통해 흔들림 없이 구현되는 완성의 단계에 이를 수 있다고 설명한다.[19]

- 자아와 세계가 '변화하는 조건들의 상호의존과 상호작용 방식(연기)'에 의해 생성 · 유지 · 변화 · 소멸하며, 따라서 불변의 독자적 자아/존재의 주소지는 없다는, 연기 이해를 계발하고 삶에 수용해 가려고 노력하는 것이 '깨달아 감'이다. 또 그 이해를 체득적으로 성취한 것이 '깨달음'이고, 체득한 이해를 심화하며 적용 범주를 확장시켜 가는 것이 '깨달음의 향상'이다. 그리고 그 체득적 앎과 적용이 완전하게 된 것이 '깨달아 마침'이다. 자아와 세계를 정립

19 박찬욱 · 윤희조 기획, 한자경 편집, 정준영 외 4인 집필, 『깨달음, 궁극인가 과정인가』, 운주사, 2015, 293쪽.

하는 것이 '불변/독자/절대의 본질 · 실체'가 아니라 '변화/의존/관계의 조건화'라는 것이 진실이며, 그러한 진실에 눈떠 그 진실을 삶과 세계에 수용해 가는 것이 '깨달아 가는 것'이자 '깨달음' 및 '깨달음의 향상'이라는 것은, 구도자에게 각자성과 연기성의 균형과 통합을 요구한다는 점을 명심하자.[20]

윗글의 취지와 불가 수행의 실천 단계인 '신(信)-해(解)-행(行)-증(證)'의 원리를 성리학적 수양에 적용시켜 보자면, 우주 자연의 원리 및 인간의 품덕이 誠(理)임을 일단 믿어 이해하고(信-解), 그 誠을 미발의 상황에서 거경함양하여, 誠(理致)이 기(氣, 기질)에 의해 情의 형태로 발동함에 있어서 그것의 순조로움을 기질로써 조절하여(已發省察), 그것이 일상의 사물과 현상에서 구현됨을 확인하고(格物窮理) 이를 삶에 수용하고 적용해 가려고 하는 노력이 '깨달아 감', 곧 수양(行)이다. 또 그 이해를 체득적으로 성취한 것이 '깨달음(證)'이고, 체득한 이해를 심화하며 일상과 우주 자연으로까지 적용 범주를 확장시켜

20 위의 책, 245쪽.

가는 것이 '깨달음의 향상', 즉 일상적 삶에서의 윤리적 실천이다. 그리고 그 체득적 앎과 적용이 완전하게 된 것이 '깨달아 마침'이자 誠과 仁의 완전한 실현이라고 할 수 있겠다.

8

유(儒) · 도(道) · 불가(佛家) 수양론의 같고 다른 결 및 '깨달음'이라는 것

유가의 『논어』

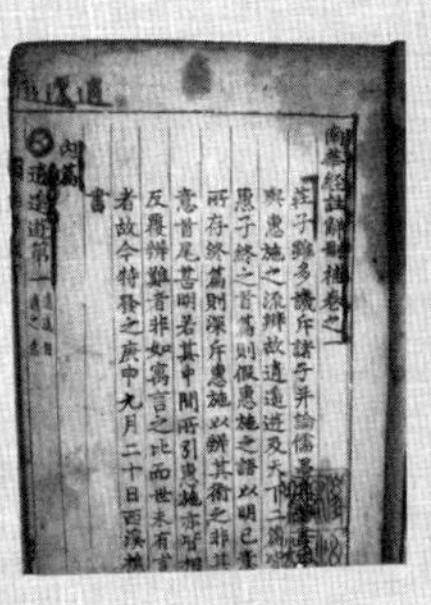

도가의 『남화경』(『장자』)

불가의 『금강반야경』

※

수양은 동양사상 유·도·불가에만 있는 마음공부 양식이다. 지금까지 살펴보았듯이 儒·道·佛이 각기 다른 세계관(우주론 또는 본체론)과 심성론을 갖기에 수양의 양식, 내용, 목표에 있어서 각기 차이가 느껴진다. 유·도·불의 세계관과 심성론의 차이를 전제로 각 수양 양상의 차이를 살펴보고 그 수양으로 얻어지는 깨달음, 즉 해오(解悟: 이해능력)와 증오(證悟: 마음 능력)가 일상적 삶 속에서 어떤 의미를 갖는지 생각해 보자.

유·도·불 중에서 가장 세밀한 마음 구조와 수양(수행)론 및 '깨달음'의 내용은 불가 사상에서 볼 수 있다. '깨달음'이란 주로 불가의 수행에서 쓰이는 말이다. '깨달음'은 불가 수행의 목표로서 일상의 경험세계에선 느끼거나 알 수 없었던 나와 세계의 참모습을 새로이 아는 것, 또는 그러한 지혜를 얻는 일이다. 앞에서 보았듯이 불가는 이 세계를 심층마음(아뢰야식)이 그려 내는 허상이라고 보고, 세계의 근원인 심층마음을 깨달아 나와 우주 자연의 참모습에 대한 진실(眞如)을 인식하고자 한다. 불가의 수행은 석가의 가르침(解)에 따라 실천(行)하여 석가께서 체인[1]한 심층마음을 깨닫는 일이고, 그 깨달음으로써 중생을 계도하는 일(廻向)이다.

불가의 깨달음은 궁극적 완성인가, 무상한 과정적 현상에 불과한가?라는 문제와 함께 인지적 전환인가, 정서적 체험인가? 몸과 마음 차원의 전반적인 질적 변화인가, 일시적 · 초월적 신비 체험인가? 깨달음의 과정과 내용은 같은가 다른가? 깨달음 이후의 삶은 이전과 어떻게 다른가? 등의 문제를 수반할 수 있다. 또 유가 및 도가의 수양 내용과 비교하여 사회적 맥락을 생각할 때, 유가의 수양이 '수기치인(修己治人)'의 전제로서 남을 다스리기 위한 지도자의 인격 닦음이라는 사회적 맥락을 갖는 한

1 '체인(體認)'은 몸과 마음에 습득되는 '증오(證悟)'를 의미한다. 즉 체인이나 증오는 마음공부이자 몸공부이기도 해서 마음에 얻은 바가 자연스레 몸을 통해 표출되는 경지이다.

편 도가의 수양이 자연의 일원으로서의 지위 확보를 위한 개인주의적 측면이 강한 데 비해 불가의 수행과 깨달음은 개인적 깨달음에서 '연기적 깨달음'으로 확장돼 사회적 경험계를 초월하여 우주적 차원을 지향하는 범주라고 할 수 있다.

불가 수행의 '깨달음'에 있어서 먼저 '깨달음'이라는 용어에 관한 의미를 명확히 해야 한다는 주장이 있다. 깨달음·진리·구원과 같은 궁극적인 말들은 그 장중한 무게에도 불구하고 용법과 의미가 모호하고 혼란스러운 경우가 많은데, 이러한 사태를 방치한 채 깨달음이라는 말에다가 내면화된 세속적 기대를 투사하게 되면 진지한 구도의 열정은 엉뚱한 길에서 헤매게 된다는 것이다. 박태원은 '깨달음'이라는 용어에 관한 의미와 용법의 혼란을 처리하는 능력 자체가 깨달음의 일부라고 말하고, 불가 수행의 '깨달음'의 내용이자 그 내용의 성립 조건인 '연기 성찰력'을 강조하고 있다. 그는 '깨달음'을 '깨달아 감', '깨달음', '깨달음의 향상', '깨달아 마침(완성)'으로 구분한다.

- 자아와 세계가 '변화하는 조건들의 상호의존과 상호작용

방식(연기)'에 의해 생성 · 유지 · 변화 · 소멸하며, 따라서 불변의 독자적 자아/존재의 주소지는 본래 없다는, 연기를 이해하고 계발하고 삶에 수용해 가려고 노력하는 것이 '깨달아 감'이다. 그 이해를 체득적으로 성취한 것이 '깨달음'이고, 체득한 이해를 심화하며 적용 범주를 확장시켜 가는 것이 '깨달음의 향상'이다. 그리고 그 체득적 앎과 적용이 완전하게 된 것이 '깨달아 마침'이다. 자아와 세계를 성립하는 것이 '불변/독자/절대의 본질·실체'가 아니라 '변화/의존/관계의 조건화'라는 것이 진실이며, 그러한 진실에 눈떠 그 진실을 삶과 세계에 수용해 가는 것이 '깨달아 가는 것'이자 '깨달음' 및 '깨달음의 향상'이라는 것은, 구도자에게 각자성과 연기성의 균형과 통합을 요구한다는 점을 명심하자.[2]

박태원은 '깨달음'의 측정(測程)과 관련하여, 일상과 세계에 갖가지 모습으로 자리 잡은 탐 · 진 · 치(貪 · 瞋 · 痴)의 정체를 꿰뚫어보고 그 지배력에서 풀려나는 변화가 얼마

2 박찬욱 · 윤희조 기획, 한자경 편집/정준영 · 김호귀 · 박태원 · 성해영 · 윤호균 집필, 『깨달음, 궁극인가 과정인가』, 운주사, 2015, 245쪽.

나 있는지를 살펴보라고 조언한다. 어떤 수행 체득이 '우쭐거리고 자랑하고픈 소유 우위의 근거'가 되고, '군림하고 싶은 소유 강자의 기반'이 되어, 소유 자아의 무게를 더하는 것이라면, 그 체득은 깨달음의 성취 조건이 아니라는 것이다.

불가 수행과 층위적 거리를 꽤나 두고 있는 것이 유가의 수양이다. 유가는 현실을 중시하는 정치·윤리학설로서 현실적 경험 세계가 원만한 질서 속에 조화롭게 운행되기를 지향한다. 유가의 수양은 마음을 현실의 조화로운 운행에 기여하도록 닦아 내는 일이다. 특히 성리학의 수양에는 도가의 수양(또는 양생)이나 불가의 수행이 지향하는 정신세계나 초월적 실체에 대한 '득도', '깨달음', '천인합일', '자연합일'과 같은 용어가 잘 등장하지 않는다. 이는 수·당 시대의 개방정책으로 유·불·도 삼교가 수용되면서 불가의 본체론이 유가의 심성론에 미친 영향과 관계가 있다.

불교는 우주론 또는 존재론으로서 '진여'라는 추상적 본체와 함께 연기의 인자(因子)로서 기(氣)의 한 양상인 업력(業力)을 내세운다. 송대 성리학(신유학) 성립 과정에서는 장재(張載)가 '원기본체론(元氣本體論)'을 세움으로써 '기(氣)' 개념이 유·불·도 수양의 본체론적 공통 기반이 되었다.

- 장재(張載)의 '원기본체론(元氣本體論)'은 중국 고대 철학사상에 있어서 하나의 중요한 이정표를 세웠다. … 그의 '태허무형(太虛無形)', '기지본체(氣之本體)'의 사상은 그의 전체 학설을 관철하고 있으며, 특히 '천지지성(天地之性)', '기질지성(氣質之性)' 이론과 그의 '건곤부모(乾坤父母)', '민포물여(民胞物與)'설은 더욱 구체적이고 체계적으로 그의 본체론을 구현하였다.[3]

  심성(心性)은 구체적인 사람의 현실, 구체적인 심성으로서의 전통 유학의 것이 아님이 송명 신유학 가운데 매우 명확하게 드러난다. 예컨대, 장재(張載)의 천지지성, 정주(程朱)의 천리, 육구연(陸九淵)의 심, 왕양명(王陽明)의 양지(良知) 등은 모두 상당한 정도에서 본체적인 성질을 갖추고 있으며, 중국불교의 불성(佛性) 및 심성(心性)과 어떠한 본질적 구별이 없다. 따라서 송명유학의 사유양식은

3 賴永海(라이용하이) 著, 金鎭戊 譯, 『불교와 유학』, 운주사, 2010, 47–48쪽.

불교 본체론의 사유양식의 영향을 받은 것이다![4]

성리학의 수양은 '천명지위성(天命之謂性)'으로서 이미 인간의 마음에 들어와 있는 본체인 '성(性)'을 새로이 '깨닫는' 게 아니라 함양하여 발현시키는 일이다. 성리학의 수양론에서 미발함양은 본체이자 성(性)의 내용인 '성(誠)'을 이해하고(解悟) 함양하는 일이지 '깨닫자는' 것(證悟)은 아니다. 또 이발성찰 역시 발하는 '성(誠)'을 확인하는 정도이지 새삼스럽게 '깨닫는' 것이 아니다. 즉 성리학의 수양에서 '성(誠)'은 체인되거나 깨닫는 대상이기보다는 함양하고(미발함양) 성찰하여(이발성찰) 실생활에 적용해야(격물치지) 하는 대상이다.

- 전통 유학이 '천', '천도'와 '인성', '심성'의 관계에 있어서 '천인합일'의 커다란 틀 속에서 '천'은 어떻게 '인간'의 입법(立法)이 되며, '인성'은 어떻게 '천도'로부터 근원이 되며, 사람은 마땅히 어떻게 '수심양성(修心養性)'하여 '천도'에 합일하는가를 논한다면, '신유학'의 사유방식은 보다 "천

4 위의 책, 52쪽.

과 인간은 본래 둘이 아니므로 다시 합(合)을 말할 필요가 없다."[5]는 경향이 있으며, 또한 '천도' 및 '심성'은 본래 일체로서 모두 '이(理)'의 체현이고, '천'은 '천리'에 있고, '인간'은 '심성'에 있는 것이다. 전통 유학과 신유학의 사유방식에 있어 구별은 바로 '천인합일론'과 '본체론'이다.[6]

여기에서도 알 수 있듯이 유가의 수양론에 '깨달음' 또는 '득도'와 같은 용어가 드문 것은 공·맹이 자신의 깨달음을 말한 바 없고, 주자가 스승 이동의 지시에 따른 미발체인에 실패한 경험이 있으며, '성(誠)'은 이고(李皐)와 주돈이(周敦頤)가 『주역』과 『중용』에서 추출해 낸 '이론적(理論的)' 개념이기 때문이다.[7] 성리학의 공부법 성(誠) · 경(敬)은 '깨달음'을 위한 것이 아니라 '理'이자 '성(誠)'으로서의 '性'이 제대로 발현돼 경세(經世)가 원만하도록 기(氣)를 다스리는 장치이다.

위 박태원의 분석을 유가 수양에 굳이 적용하자면, 맹

5 天人本無二 更不必言合.

6 위의 책, 48-49쪽.

7 그러나 왕양명만은 '용장오도(龍場悟道)'에서 '심즉리'를 깨달았다고 한다.

자가 『양혜왕장구 상(梁惠王章句 上)』에서 제선왕(齊宣王)에게 '사지(死地)에 끌려가는 소' 얘기로써 '불인(不忍)'을 설명하고 왕도(王道)를 강조하는 장면은 인간이 마음에 본체로서 불인지심(不忍之心, 仁)을 갖추고 있음을 환기시키고('깨달음의 필요성 인지'), 이를 함양하여('깨달아 감'), 발현시키고('깨달음의 향상'), 실천하도록('깨달음의 완성'), 즉 유가적 수양의 단계를 가르친 것이고, '왕도'는 '깨달음(수양)의 완성'이라고 할 수 있다. 또 '깨달음의 완성'이 나타나는 모습은 공자가 말한 '종심소욕불유구(從心所欲不踰矩)'와 같은 사례에서 볼 수 있다.

도가는 우주 자연과 인간의 심신이 '기(氣)'라는 질료이자 생명력으로 채워져 있다고 본다. 도가의 수양이나 양생은 우주 자연을 만들어 내고 운행시키는 기의 흐름과 변동에 따르도록 내 몸과 마음의 기(氣)를 조절하는 것이다. 도가의 수양은 인간의 심신에 본래성인 '자연'을 회복시키는 것으로써 심신의 안위 도모를 지향한다. 도가의 '수양(修養)'에는 유가의 수양과 달리 '생명력을 기르고 강화한다(養)'는 뜻과 함께 '훼손된 생명력을 보완하고 잘 다스린다(修)'는 의미도 들어 있다. 또 도가의 수양엔 상세함이 불가엔 못 미치지만 유가와는 다른 '깨달음'의 개념이 스며 있다. 장자가 말한 심재(心齋)·좌망(坐忘)·상아(喪我)는 득도의 전제 조건이라고 할 수 있다. 『장자』 내편 『대종사(大宗師)』의 '南伯子葵와 女偶의 대화'에 나오는 '조철(朝徹)', '견독(見獨)', '무고금(無古今)'은 '깨달음'의 경지이다.

도가에서 '득도'는 『관자』 4편에 언급된 바에 따르면 우주 자연의 운행 원리이자 생명에너지인 '정기(精氣)'가 마음에 들어와 찬 상태로서 '덕(德)'이라고도 한다. 『관자』 4편에서는 이런 상태에 도달하기 위해서는 '허(虛)-정(靜)-일(一)'의 원리로써 마음을 완벽하게 비울 것을 주문하고 있다. 이는 유식(唯識)불교에서 전 5식에서 제6 의식(意識)까지의 표층마음을 걷어 내고 제8식으로서의 심층마음인 '아뢰야식'을 '깨닫는' 방식과 유사하다.

도가 수양의 과정과 내용은 『장자(莊子)』 내편(內篇) 「대종사(大宗師)」의 '남백자규(南伯子葵)와 여우(女偶)의 문답'에 나오는 '외천하(外天下) → 외물(外物) → 외생(外生) → 조철(朝徹) → 견독(見獨) → 무고금(無古今) → 입어불사불생(入於不死不生)'으로서, 득도는 인간적인 욕망의 초월에서 달성된다. 이는 내공을 쌓는 일이어서 단계별 진척 정도는 당사자만이 알 수 있다. 다만 득도(깨달음)의 완성(입어불사불생)은 '진인(眞人)'·'지인(至人)'·'신인(神人)'의 모습으로 나타나는데, 이는 공자가 말한 '종심소욕불유구(從心所欲不踰矩)'의 인격으로서 모든 거동이 참되고 덕스러운 것이다.

유·도·불가의 수양(수행)은 인간의 삶 및 사유 행위에 있어서 각기 '현실-자연-초월'의 층위에서 상호 보완적 직분을 수행하여 완료하는 관계에 있다고 할 수 있다. 즉 유가의 수양은 인간 사이의 현실적 삶을 화해롭게 영속시키는 데 기여하는 것이고, 도가의 수양은 인위가 지배하는 유가적 현실의 고달픔을 '자연성'으로 치유하는 데 목적이 있고, 불가의 수행은 유·도가의 수양이 미치지 못하는 정신 차원 문제를 현실과 자연을 떠난 초월의 경지에서 궁극적으로 해결하자는 것이다.

이 층위별로 수양(수행)의 효용을 논하자면, 현실 사회의 원만한 운영(經世)을 위해서는 우선 유가적 수양이 필요하고, 현실에서 과잉 인위(人爲)가 유발하는 '자연 결핍'의 문제는 도가적 수양(양생)의 '자연합일'로써 치유하고,

두 곳에서 해결되지 않는 생사(生死)의 두려움이나 정신적 고뇌에 관한 문제는 불가 수행의 '초월의 세계'에서 근본적 · 궁극적인 '깨달음'으로써 완결하는 것이 된다. 따라서 우리의 일상적 삶과 마음에는 유 · 도 · 불가의 수양, 양생, 수행이 '따로 또 같이' 필요하다고 할 수 있다.

수양이 현세의 바람직한 삶의 지향뿐만 아니라 현세적 삶 너머의 문제 해결에도 관심을 갖는 것이라면 유 · 도 · 불가 사상의 생사관(生死觀)을 수양론과 연계시켜 비교해 볼 필요가 있다.

유가는 오로지 현실적 삶의 무난함을 강조하고 지향하기에 공 · 맹의 언설에서 죽음이나 사후의 문제에 대한 말은 찾아보기 어렵다. 공자는 자로(子路)가 죽음에 대해 묻자 "삶도 잘 모르는데 죽음을 어찌 알겠느냐(未知生焉知死)"라는 말로써 현실적 삶 이후의 문제에 대한 언급을 피했다. 공자가 말한 '지천명(知天命)'은 사람의 능력으로 옳고 그름을 판단, 제어할 수 있는 '의(義)'에 대비되는 '천명(命)'을 아는 것이다. 천명이란 사람의 힘으로 어쩔 수 없는 것으로 '죽음'도 이에 해당한다. 맹자는 "근심과 걱정 속에 살고, 안락해서 죽는다(生於憂患 死於安樂也)(『孟子』「告

子下」)"라고 하여 역시 고생스럽더라도 사는 것이 의미 있음을 강조하였다. 공·맹의 이러한 인식은 『주역』이 애초에 우환(憂患) 의식의 반영인 것과 무관하지 않다.

도가 사상에는 득도의 최종 단계에 '입어불사불생(入於不死不生)'이 있다. 득도를 하면 생사를 잊는다는 말이다. 『도덕경』 16장에 나오는 '귀근복명(歸根復命)'은 자연의 기화(氣化)에 의한 '순환의 원리'를 말하는 것으로서 『장자』 외편 「지북유(知北遊)」에 나오는 '기(氣)의 취산(聚散)'[8]의 의미와 같은 맥락이라고 할 수 있다. 즉, 삶과 죽음은 기의 변화에 의한 자연 순환의 모습일 뿐이니 그리 알고 생사에 관한 호·불호의 생각에서 초탈하라는 것이다.

불가 사상에서 삶과 죽음에 관한 견해 및 대처 방안은 사성제(四聖諦)인 '고·집·멸·도(苦集滅道)'와 '12지연기'설에 나타나 있다. 즉 삶은 고해(苦海, 苦)이고, 이는 여러 인연의 집적(集積, 集)에 기인한 것이어서, '12지연기'의 순환 고리를 끊는 수행을 하여(道), 번뇌와 망상을 걷어내(滅) 아뢰야식을 깨달음으로써 생로병사의 사슬을 벗어

8 人之生 氣之聚也 聚則爲生 散則爲死 若死生爲徒 吾又何患(사람의 생이란 기가 모인 것이다. 기가 모이면 살고 흩어지면 죽는다. 이처럼 죽음과 삶은 뒤쫓는 것이니 내가 어찌 걱정하겠는가!)

나고 삶과 죽음을 비롯한 우주 만상은 심층마음(아뢰야식)이 그려 내는 그림일 뿐임을 깨닫게 된다.

유·도·불가의 수양에서는 세계관의 차이에 기인한 '가치(價値)' 추구 경향을 살펴볼 필요도 있다. 유가의 수양은 도덕가치의 구현을 지향한다. 유가 사상은 인간 세계의 현실과 인간관계를 중시하므로 '인간관계'를 규정하거나 거기서 파생하는 가치와 멀어질 수 없는 것이다. 유가의 수양을 논할 때 말하는 '천도(天道)의 인도화(人道化)'나 '자연(自然)의 인간화(人間化)'란 것이 인간 사회 영위(營爲)와 관련한 가치 부여 작업이라 할 수 있다. 유가의 이념인 '인(仁)'이나 '성(誠)' 자체가 가치 개념이 아닌가?

이에 비해 불가의 수행이나 도가의 수양(또는 양생)은 가치중립적이다. 불가에서는 가치 개념을 분별심과 번뇌로 보고 그것을 버리고자 하여 '초월'을 지향하는 것이 수행이다. 도가 사상 역시 유가적 인위(人爲)와는 반대편에 있는 것이므로 인위적 가치를 부인한다. '천지불인(天地不仁)'[9]이라는 말은 도가 사상의 기반인 자연 세계의 가치중립성을 표방한다.

9 天地不仁, 以萬物爲芻狗. 聖人不仁, 以百姓爲芻狗.(『도덕경』 5장)

유·도·불가 수양의 공통기반은 기론(氣論)이다. 유·도·불가가 각각 수양 형식에 있어서 정좌(靜坐), 좌망(坐忘), 좌선(坐禪)의 명상 모습을 취하는 것은 일단 잡념(雜念) 또는 사념(邪念)을 제거하기 위한 것이다. 잡념이나 사념은 기론에서 탁기(濁氣)에 해당한다. 탁기를 제거하여 마음을 비우거나 청기로 채우는 일이 유·도·불가 수양의 관건이다. 이를 위한 한 방편으로 유·도·불가 수양의 길에는 일찍이 '차(茶)'라는 도반(道伴)이 따랐다.

다음 11장 '다도 수양론'은 일상에서 운영할 수 있는 유·도·불가의 수양, 양생, 수행에 공히 적용될 수 있는 '차(茶)의 기적(氣的) 기제(機制)'라는 공통적 기반에 대해 언급하고 있다. 茶라는 소재는 유가(성리학)의 이념인 誠, 도가의 존재론적 구도인 無爲自然, 불가의 연기(緣氣) 내용인 '업(業)의 상속'을 규정하는 '기(氣)'를 근본적 공유의 정체성으로 장착하고 있기 때문이다.

9

도교(道教) 계통의 내단(內丹) 기공 수련

❀

도교는 동한 말기에 무술(巫術), 미신, 신선방술(神仙方術), 유가의 윤리, 노장학(老莊學) 등 각종 사상과 종교적 행위가 역사적으로 축적되어 오두미도(五斗米道)와 태평도(太平道)를 중심으로 발생했고, 뒤에 불교 사상과 같은 외래사상이 흡수되어 문화종합체로서 모습을 갖추었다.

도교의 수련(내단)은 후천에서 선천으로 돌아가는 작업이다. 도교에서는 태극(太極, 道)을 선천이라 한다. 그 태극으로부터 음(陰)·양(陽) 이기(二氣)가 발생하고 이기의 화합으로 개별 사물이 만들어져 후천의 현상 세계가 열린다. 도교에서는 현세인 후천(後天)을 가(假, 幻)의 세계로 보고 진(眞)의 세계인 선천(先天)으로 돌아간 사람을 '진인(眞人)'이라 부른다. '진인'은 『장자』에 나오는 개념으로서 심성 수양의 목표를 달성한 사람인데, 도교에서의 '진인'은 '몸 단련'에 치우친 인상을 주는 도교의 수양 개념을 보완하는 데 차용한 개념이다. 이는 인간의 마음이 몸을 매개로 하여 우주 자연과 감응한 결과이다. 이처럼 인간이 우주 자연과 감응하는 관계를 인식하려면 일상적 경험을 넘어선 초월의 경지에 이르지 않으면 안 된다. 도교의 수양은 그런 목적을 달성하기 위한 심신 훈련법이다.

도교는 기존의 호흡법, 식이법, 방중술, 연금술, 부적, 주술, 제의 등 '이단적' 수련법 대신 깊은 사색과 명상을 보완적으로 도입하여 심신 훈련의 기법을 철학적 바탕 위에 올려놓았다. 당말 오대 종려도(鍾呂道)를 시작으로 북송대에 이르러 장백단(張伯端)에 의해 기초가 다져진 도교의 이런 수련법을 '내단(內丹)'이라고 한다. 내단이란 도교의 여러 영역 가운데 수련의 측면을 대표하는 것으로, 심신수련을 통한 자기완성을 목표로 하는데, 보통 선학(仙學), 선도(仙道), 단학(丹學) 등으로 불리기도 한다. '내단'은 수대(隋代)에 금단 제조를 중시하는 외단(外丹)과 구별한다는 의미에서 쓰였다.

외단에서 내단으로의 변화는 인체 내부에 잠재되어 있

는 근원적 원기의 존재에 대한 확신을 바탕으로 한 것이다. 내단에서는 이 원기를 '선천 기(先天 炁)'라 부르며 일상적 생명활동의 주체인 '후천 기(後天 氣)'와 구별한다. 선천이 사람이 마땅히 추구해야 할 영원하고 무한한 도(道)의 세계라면 후천은 거짓된 환(幻)의 세계로서 초극되어야 할 생멸의 세계이다. 이를 절실히 깨달아 참된 선천의 세계로 반본환원(返本還源)하자는 것이 내단사상의 관점이다. 이를 위해 정신적 각성에만 의존하는 것이 아니라 물질적인 선천 기의 함양을 중시하는 것이 내단사상의 특징이다.

내단은 한대 위백양(魏伯陽, 147~165)의 『주역참동계(周易參同契)』, 동진의 갈홍(葛洪, 284~363)이 쓴 『포박자(抱朴子)』, 위진 시대의 『황정경(黃庭經)』 및 『음부경(陰符經)』, 북송대 도사 장백단(張伯端, 984~1082)의 『오진편(悟眞篇)』과 『청화비문(靑華祕文)』 등을 전범(典範)으로 삼아 수행방법론상 유 · 도 · 불 삼교 융합을 지향한다.

내단수련의 내용은 성명쌍수(性命雙修)이다. 이는 마음(性)과 몸(命)을 함께 닦는 것이다. 내단은 몸 안의 기(炁)를 단련하는 기법이 외단의 연금술법과 흡사한 데서 붙여진 이름이다. 여기서 성(性)은 마음의 본성으로, 기(氣)의 층위별 구별인 '정(精) · 기(氣) · 신(神)' 중 최상위인 신(神)과 통하는 개념이다. 명(命)은 형체, 신체 방면의 정기 및 원기로서 형(形: 몸)의 개념과 통한다. 즉, 神은 정신 개념이고 精과 氣는 물질 개념이다. 내단의 원리는 '인체 내에 있는 원기를 회복하여 생명의 원상태로 돌아간다'는 것인데, 내적 원기는 인간의 심적 상태와 깊은 관련이 있어서 내단은 직관적인 명상을 강조한다.

본격적 내단수련이 도입되기 이전 원래 도교에는 고대 신선술에서부터 벽곡(辟穀),[1] 토고납신(吐古納新), 도인(導引), 복식(服食), 금단(金丹), 양기(養氣), 연기(煉氣) 등 몸 수련(養形)의 기법과 존사(尊思), 수일(守一), 주정(主靜), 좌망(坐忘) 등 마음 수양(養神) 방법이 있었다. 그런데 당대(唐代)에 들어 儒 · 道 · 佛 3교 교섭이 시작되면서 심성론과 수양론에서 상호 이론 보완의 필요성이 제기되었다. 당시 性을 닦고 命을 닦지 않는 것은 불교 수행의 미진한 점으로, 命을 닦고 性을 닦지 않는 것은 전통 도교

1 신선이 되는 수련 과정의 하나로, 곡식을 먹지 않고, 솔잎 · 대추 · 밤 같은 것만을 먹으며 도를 닦는 일 또는 화식(火食)을 피하고 생식(生食)을 하는 것을 지칭하기도 함.

수련법의 문제점으로 각각 간주되었다. 즉, 명만을 기르면 불로장생에 치우친 속물주의가 되고, 성만을 기르면 관념주의가 된다는 것이었다. 유가의 수양 목적도 생명 수련보다는 인륜 교화에 있었다.

이런 연유로 내단은 유 · 불이 못 미치는 '수명(修命)'에 자신이 못 미치는 '수성(修性)'을 더하여 '성명쌍수'라는 삼교통합적 심신수행론을 갖추게 되었다. 수행론의 내용에서 삼교통합적일 뿐 아니라 내단수련 방법에서도 유가의 주역 이론을 차용하여 건 · 곤괘를 솥으로, 감 · 리괘를 약물로, 나머지 60괘와 월체납갑설 및 12소식괘설로 화후를 설명한다.

내단의 원리를 더 깊이 살펴보면, 생명의 원상태로 돌아간다는 원리는 『도덕경』 42장[2]의 '만물생성론'에 기반하고 있다. 『도덕경』의 만물생성론은 道에서 만물이 생겨나는 과정을 말하는데, 내단수련은 '사(死)'에 이르기 전에 이 과정을 역방향으로 진행시켜 道로 복귀하자는 것이다. 여기에는 『도덕경』 16장[3]의 '귀근복명(歸根復命)' 개념

2 道生一, 一生二, 二生三, 三生萬物. 萬物負陰而抱陽, 冲氣以爲和.

3 夫物芸芸, 各復歸其根, 歸根曰靜, 靜曰復命, 復命曰常 …(만물은 무성하

이 원용되고 있다.

이 역방향 수련은 곧 '도생일(道生一), 일생이(一生二), 이생삼(二生三), 삼생만물(三生萬物)'의 반대 방향인 '만물 → 삼 → 이 → 일 → 道'인데, 여기서 만물은 氣로 이루어진 우주 자연, 三은 음 · 양기의 합으로서 우주 자연의 기초인 충기(冲氣)이자 인체 내의 氣인 '精 · 氣 · 神', 二는 氣와 神 또는 음기와 양기, 一은 神 또는 元氣를 의미한다. 이를 수련을 통해서 역방향인 근원으로 되돌아가면 생로병사의 순행을 뒤집어 생사를 벗어날 수 있다는 것이다.

이 역방향의 수련법은 구체적으로 '연기화정(煉氣化精: 공기, 후천氣로써 인체 내의 精 · 氣 · 神 보강) → '연정화기(煉精化炁: 精 · 氣 · 神 → 炁 · 神) → 연기화신(煉炁化神: 炁 · 神 → 神) → 연신환허(煉神還虛) → 연허합도(煉虛合道: 一 → 道)'의 단계를 거치는 것인데, 이는 우주 자연의 에너지(氣)를 인체 내부로 끌어들여 인간의 몸과 마음의 에너지인 정 · 기 · 신(精 · 氣 · 神)에 더해서 인체 내부의 독맥과 임맥으로 흐르는 기의 흐름을 선천 기(炁)적 흐름으로 조

나 각기 그 뿌리로 되돌아간다. 근원으로 돌아가면 고요해지니, 이를 일러 명(命)을 회복했다고 한다. 명을 회복하면 영원하게 되며……)

절(精煉)하여 불사약(丹)을 만드는 것이다.

이때 수련의 동력은 정 · 기 · 신을 주재하는[4] 신(神)이 탑재된 마음의 직관적 명상이다. 특히 『주역참동계』에서는 12소식괘(消息卦)로써 내련(內煉)의 화후(火候)를 자세하게 나누었는데, 이는 해와 달의 운행원리(음양의 원리)와 인간 성명(性命: 마음과 몸)의 질서원리는 같기 때문에 사람의 성명을 해와 달의 운행 변화에 맞게 잘 다스려서 자연의 원리에 따라 선천으로 귀환하자는 것이다.

- 도교 내단가들의 성명쌍수의 원리는 개인의 몸이 사회가 조장하는 욕망의 도구가 되어 버려 진정한 몸의 주체성을 상실하고 있는 현대 사회에서 나 개인의 몸 주체성을 어떻게 확보하고 왜 몸을 길러야 하는가에 대한 반성과 숙고를 제공해 준다.[5]

4 精은 인체를 구성하고 생명활동을 유지시키는 정미한 물질, 氣는 미세하고 동태적인 물질로서 인체의 생명활동을 구성하고 유지시키는 것, 神은 인체 생명활동의 총칭으로 사상감정과 의식활동을 포괄하는 주재자이다. 精과 氣는 命에 해당하고, 神은 性에 해당한다.

5 손병석 외 11인, 『동서 철학 심신수양론』, 한국학술정보, 2013, 77쪽.

내단수련법은 최근 중국에서 '기공(氣功)'이라는 이름으로 불리고 있다. 氣功 또는 導引은 마음과 육신을 하나의 유기체로 보는 관점과 천인상응(天人相應)의 관점에서 우리 몸의 기혈 순환 상태와 마음의 이상을 추구하는 고대의 양생법이다. 기공이라는 말은 '호흡(氣)'과 '고르고 가지런히 한다(功)'라는 말이 합쳐진 것으로서 '호흡과 자세를 부단히 연습한다'는 뜻이다. 도인(導引)은 '마음으로 氣를 인도하여 다스린다'는 뜻이다.

1979년 7월 중국국무원은 중국기공휘보회를 열어 비로소 '기공'이라는 정식 명칭을 확정 지었다. 이에 따라 氣功은 이제까지 토납(吐納), 행기(行氣), 도인(導引), 연단(鍊丹), 현공(玄功), 쟁력(淨功), 수도(修道), 참선(參禪), 선정(禪定), 정공(定功), 내공(內功), 정좌(靜坐), 양생법(養生法) 같은 이름으로 불리던 것을 통틀어 새롭게 부르게 된 용어가 되면서 온갖 것을 포용하는 좀 모호하고 포괄적인 명사로 변했다. 그럼에도 기공의 전형적인 모습은 도가의 '연정화기(練精化炁) → 연기화신(練炁化神) → 연신환허(練神還虛)'의 수련 공식이라고 할 수 있다. 여기에 『주역참동계』에 나온 내단의 원리 및 『氣的原理』(諶若水 著, 대만

商周出版·城邦讀書花園, 2014)에 실린 최근의 중국 기공법을 간추려 소개한다.

(1) 『주역참동계』의 내단 원리

도교에서는 음양, 천지, 건곤의 이원화 이전의 선천을 태극(太極) 또는 도(道)라고 본다. 그 태극으로부터 음양 이기가 발생하고 그 이기의 화합으로 개체가 만들어져서 후천의 현상 세계가 형성된다. 음양 이기의 분화가 곧 건(健)과 곤(坤)으로의 분화이며, 다시 그 둘의 화합을 통해 개체가 형성된다.

- 건과 곤이 서로 감싸면 계란과 같은 모양이 되는데, 이때에는 해와 달이 돌기를 멈추고 다시 소용돌이 상태로 돌아간다. 이 소용돌이 속에서 저절로 서로 어우르는 현상이 일어나 한 점 진리 세계의 참된 씨앗(眞種)이 산출된다. …… 이 한 점 참된 씨앗이 바로 대지와 중생의 생명의 뿌리이다. …… 거기에 차차 원신(元神)이 엉겨서 신체가 이루어지게 된다. 뭇사람들이 이렇게 하여 태어나며 꿈틀대는 벌레들도 그렇지 않음이 없다. 이것이 도(道)이다.[6]

여기서 형성된 원신이 곧 개체 안의 태극에 해당한다. 선천에서 후천으로 바뀌어 개체가 발생하는 과정은 태극의 건과 곤이 어우러져 감(坎)괘와 리(離)괘를 만들어 내는 과정이다.

- 건이 아래로 곤과 사귀게 되어 곤 가운데 한 효가 속이 차게 되어 감괘로 된다. 이것이 명(命, 몸)의 꼭지이다. 곤이 이미 감으로 되면서, 그 가운데 하나의 음효가 즉각 하늘의 기운을 따라 위로 이르며, (곤이) 위로 건과 사귀면서 건 가운데의 한 효가 빈자리에 들어가 이괘로 된다. 이것이 성(性, 마음)의 뿌리이다.[7]

곧 건괘로부터 형성된 이괘가 개체의 '性(정신)'의 뿌리가 되고, 곤괘로부터 형성된 감괘가 개체의 '命(몸)'의 꼭지가 된다. 이렇게 개체의 정신(性)과 몸(命)이 갖추어진다. 이때 성(性)은 양의 기로서 혼(魂: 넋)을 이루고, 명(命)은 음의 기로서 백(魄: 얼)을 이룬다. 즉, 신령한 태극

6 『참동계천유』, 138쪽. 이는 『참동계』 제3장 「明合符」를 설명하는 자리임.

7 위의 책, 110쪽.

인 원기로부터 음양이 섞여 혼과 백으로 분화된다.

- 선천의 바탕에 깔려 있는 건(健)이 바뀌어 후천의 이(離)가 되면 그로 말미암아 으뜸의 신인 원신(元神)이 모습을 바꾸어 의식의 기초가 되는 신(神)인 식신(識神)이 된다.[8]

결국 선천에서 후천으로 바뀌어, 즉 건과 곤이 뒤섞여 음양이 하나씩 교체된 이(離)와 감(坎)이 되면서, 신령한 원신은 착종(錯綜)된[9] 기로 흐려진 식신(識神)이 된다.

양과 양은 같은 종류이므로 감괘 가운데 참된 불(양)은 항상 불꽃처럼 위로만 올라가 건괘로 돌아가려고 한다. 음과 음은 같은 종류이므로 이괘 가운데 참된 물(음)은 항상 아래로 내려가 곤괘로 돌아가고자 한다. 이것이 우주의 이치를 나타내고 있는 역(易)이다. 동류상종의 이치인 것이다.[10]

8 위의 책, 186쪽.

9 음 · 양이 착종(錯綜)되어 이 · 감이 되었다는 의미는 이괘는 자체 불이지만 그 가운데에 곤괘에서 온 음을 가지고 있어서 양 속의 음인 물을 품는다는 것이고, 감괘는 그 자체는 음인 물이지만 그 가운데에 건괘로부터 온 양을 가지고 있어서 음 속의 양인 불을 품는다는 것이다.

10 위의 책, 257쪽.

이렇게 하여 남(이괘)과 여(감괘)가 화합하면 다시 건곤 화합의 종자가 형성되고 개체가 만들어진다. 이것이 자연 만물이 다시 만물을 낳는 '생물(生物)'의 이치이다. 그런데 이러한 역의 이치는 자신 밖의 타자(남녀 간)와의 결합을 통해 또 다른 제3의 개체를 생성하지만 자신은 소멸의 길이다. 음 안의 양이 돌아가 화합하는 양(이괘), 양 안의 음이 돌아가 화합하는 음(감괘)이 그 자신 안의 음이나 양이 아니라 자신 밖의 타자이기에, 결국 부모는 자식의 생성과 더불어 소멸하며, 그 과정 어디에서도 분화되기 이전 선천의 태극 또는 원신이 회복되지는 않는다.

이때 단학이 추구하는 것은 스스로 소멸하며 타자를 낳는 '생물의 길'이 아니라, 스스로 안에서 자신의 본래의 성인 진성과 원신을 회복하고자 하는 것이다. 이것은 결국 생물의 원리를 거스르는 '역행의 길'이다.

- 우주의 운행 변화는 이 道를 순순히 따라서 만물을 낳는 것이지만, 내단을 공부하는 사람은 이것을 거슬러서 스스로 살아나야 한다. 이른바 순순히 따르면 사람이 되고,

거꾸로 거스르면 단을 이룬다.[11]

단을 이룬다는 것은 신체 안에서 이괘의 화기와 감괘의 수기를 운행시켜서 두 괘의 가운데 효에서 음양의 교체가 일어나도록 하여 순양의 건괘를 회복하는 것이다. 그렇게 회복된 순양의 건괘가 곧 신(神)에 해당한다. 그렇게 하여 후천의 개체를 다시 선천으로 돌아가게 하여 본래의 성을 회복하려는 것이다.

그렇다면 신체 안에서 순양의 건괘를 회복하려면 이괘와 감괘의 순행이 어떻게 일어나도록 신체를 단련해야 하는가? 내단 이론에 따르면 우리 신체의 생명 에너지인 기(氣)에는 원기(元氣), 정기(精氣), 진기(眞氣)가 있다. 원기는 태어나면서 부여받은 기, 정기는 태어난 이후 음식과 호흡을 통해 얻는 기, 진기는 정신 집중을 통해서 발생하는 기이다. 의식에 의한 심파(心波)[12]와 몸의 정기가 만나 진기가 발생한다. 단학 수행은 진기를 발생시킴으로써, 구체적이고 형태화된 정(精)에서부터 미세한 에너

11 위의 책, 138~139쪽.

12 『맹자』「공손추」 장에서 '의지는 기의 장수(志氣之帥也)'라 했고, 내단수련에서는 마음(정신집중)으로 기를 움직인다.

지의 기로, 다시 기에서부터 보다 무형적이면서 근원적인 신(神)으로 나아가고자 하는 것이다.[13]

우리 몸 안에서 기가 흐르는 통로를 경맥과 락맥(經絡)이라 하고, 주요 통로인 경맥에는 12개의 정경(正經)과 8개의 기경(奇經)이 있으며, 경락에는 기가 집중적으로 모이는 365곳의 혈자리가 있다. 평상시에는 12경맥을 따라 기가 운행하고, 수행을 통해 기가 충만해져서 기경 8맥으로 기가 운행되면서 특별한 능력을 발휘하게 된다. 기경 중에서 척추를 중심으로 등 쪽의 독맥(督脈)과 가슴과 배 쪽의 임맥(任脈)이 단학 수련에서 기를 운행시키는 통로이다. 기가 집결해 있는 부위를 단전(丹田)이라고 한다. 우리 몸에는 내단전으로 머리의 상단전, 가슴의 중단전, 아랫배의 하단전 등 셋이 있고, 외단전은 양 손바닥의 장심과 양 발바닥의 용천혈이다. 대표적인 단전은 배꼽 세 치 아래, 세 치 안으로 들어간 곳인 '하단전'이다.

내단의 원리는 '수승화강(水昇火降)'과 '정충기장신명(精充氣壯神明)'이다. '수승화강'은 우리 몸 안에서 신장의 수

13 한자경, 『명상의 철학적 기초』(이화여자대학교출판부, 2011), 148~155쪽에서 발췌·정리함.

기는 올라가고 심장의 화기는 내려와야 한다는 것이다. 화기와 수기가 상호작용하여 건강이 조화를 이루려면 오르려는 화기는 아래에 있어야 하고 내려오려는 수기는 위에 있어야 한다. 인체에서 수기는 콩팥에서 생성되고, 화기는 심장에서 생성된다. 비정상적인 경우는 심장의 뜨거운 화기가 머리 위로 올라가고 신장의 차가운 수기가 아랫배에 차서, 마음이 붕 뜨고 머리에 열이 나며 배와 손발이 차고 장이 뻣뻣하여 변비가 된다.

'수승화강'에 대해 말하자면, 기가 원활히 운행되어 하단전이 잘 단련되어 있으면 하단전의 열이 콩팥을 뜨겁게 하여 수기를 올리고(水昇), 올라간 수기가 심장을 차게 하면 심장의 화기가 빠져나가 단전으로 내려간다(火降). 이때 수기는 독맥을 따라 올라가고 화기는 가슴의 임맥을 따라 배로 내려온다. 그런데 평상시에 하단전에 화기를 잡아둘 만큼 단전이 단련되어 있지 않거나 스트레스 등으로 임맥과 독맥이 막혀서 기 운행이 제대로 되지 않으면 수승화강도 제대로 이루어지지 않는다. 그렇게 되면 찬 수기(水氣, 精)가 내려가 精의 에너지가 성기를 통해 빠져나가고, 더운 화기(火氣, 神)가 위로 올라가 마음이

들뜨게 된다. 이에 반해 단전호흡으로 수승화강하면 마음이 차분해지고 단전이 뜨거워진다. 그리고 그 열로 신장의 물이 데워져서 수증기가 되어 상승한다. 그렇게 해서 精이 무형의 에너지인 氣로 전환된다.

'정충기장신명'은 하단전에서 정이 충만하고, 중단정에서 기가 강해지며, 상단정에서 신이 밝아진다는 의미이다. 단전호흡은 정기를 진기로 바꾸는 수행인데, 이는 하단전에서 시작되어 상단전에서 완성된다. 하단전에서의 정충(精充)은 음식에서 얻은 정기를 단전호흡을 통해 얻은 정기와 조화시켜 진기로 바꾸는 것이다. 정이 충만하면 생명력이 강해지고 성욕이 잘 조절된다. 중단정에서의 기장(氣壯)은 가슴에서 기를 진기로 바꾼다. 감정적이고 의지적인 기가 강해져서 사랑과 기쁨이 넘치며, 패기와 기백이 생기고, 식욕이 잘 조절된다. 상단전에서의 신명(神明)은 기가 신이 되어 지혜가 빛을 발하는 것이다. 자신과 우주에 대한 깨달음이 생기며 수면욕이 잘 조절된다.[14]

14 위의 책, 159~160쪽.

(2) 기공의 원리와 방법

내단수련이 성행하고 있는 대만의 기공법을 최근 대만에서 발간된 『氣的原理』(湛若水, 『氣的原理』, 台北: 商周出版, 2014)의 내용을 발췌 요약하여 소개한다.

수도(修道)의 목적은 후천(後天)으로부터 선천(先天)으로 돌아가는 데 있다. 그 과정은 '연기화정(練氣化精) → 연정화기(練精化炁)[15] → 연기화신(練炁化神) → 연신환허(練神還虛)'이다. 神은 음양이 분화되기 이전의 선천일기로서 지구 인력과 공간거리 등의 조건적인 구속을 받지 않으며, 심지어 수명(壽命) 역시 제한받지 아니한다. 인류의 신체는 3차원 공간의 물질계에 속해 있으며, 물질의 기본 구조는 음양(陰陽)의 결합인데, '神'은 이미 물질계에서 벗어났다고 할 수 있다. 그것은 즉 陰陽의 구조체가 아니라, 고대 修道家들이 말하는 순양(純陽)의 氣이다. 이는 이른바 道家에서는 '황아(黃芽)'라고 이른다.

선천일기(先天一氣)란 무엇인가? 『손불이여공내단차제시주(孫不二女功內丹次第詩註)』에 "一氣라는 것은 선천적 음양이 분별되지 않은 기운으로, 음과 양으로 나뉨에 이르

15 炁는 '無+火'의 약자로서 불기운이 없는 '先天 炁'를 의미한다.

면 양의(兩儀, 陰과 陽)가 바로 서게 되어 一氣라 칭할 수 없게 된다(一氣者, 卽先天陰陽未判之氣, 至於分陰分陽, 兩儀卽立, 則不得名爲一氣).”라고 했다. 생명(生命)은 陰陽의 결합(媾合)에 근원하며, 정적(靜的)인 陰은 장차 동적(動的)인 陽을 이면에 포함하여 陰 속에 陽이 있게 될 것이다. 하지만 이런 종류의 결합은 반쇠기(半衰期)에 한계에 이르게 되고, 그 구조는 천천히 와해되며, 이루어지고(成), 지속되고(住), 파괴되고(壞), 사라지는(空) 규칙에 따라 진행될 것이며, 이것이 바로 자연계(自然界)의 규칙이다. 하지만 선천일기(先天一氣)를 수련하여 이르게 되면, 이 같은 규칙에서 벗어날 수 있으며, 에너지가 불멸하는 경계에 진입하고, 이는 곧 修道의 종극의 목표이며, 신선(神仙)이 되는 것이다.

도교의 수련 방법은 재료가 되는 요소의 측면에서 기(氣)·정(精)·기(炁)·신(神) 네 가지 종류로 구분되고, 의식을 주관하는 측면에서 심(心)·의(意)·성(性) 세 가지 종류로 구별된다. 이것이 바로 차례에 따라 점차적으로 ‘범인을 초월해서 성인으로 들어가(超凡入聖)’는 단계들이다. 인간은 이런 어지러운 속세에서 신선의 벗(紅鹿)으로 태어났고, 명예와 이익 모두는 구름이나 연기처럼 순식간에 눈앞을 지나갈 뿐이다. 몸을 정신으로 끌어올리는 것과 비교할 또 다른 무엇은 존재하지 않고, 변하지 않는 존재성의 근본(自性本體)으로 되돌아가는 것이 가일층 중요하다고 보는 것이다.

① **練氣化精**

기공을 연습할 때는 '호흡토납(呼吸吐納)'부터 시작한다. 이는 단전으로 기를 흡입하는 것인데, 이 초보 공법은 세 가지 요소를 포함한다. 첫째는 수련의 소재(氣), 둘째는 수련의 부위(단전), 셋째는 수련의 동작(호흡)이다. 호흡토납을 할 때 단전에 도달하는 氣에는 일종의 화기 및 움직이는 입자가 포함되어 있다. 이를 고대의 수련가들이 '원양(元陽)'이라고 했다. 원양은 아직 물질을 합성하기 이전의 우주의 원시 에너지를 의미한다.

일종의 에너지인 원양이 어떻게 단전에 이르는가? 사람의 몸에는 직통으로 단전에 이르는 통로가 없다. 그러나 우리들은 용심(用心)을 통해 이들 에너지를 몸을 관통하여 단전에 도달하게 한다. 호흡토납을 통해 후천기를 흡수하는 것은 바로 정(精)을 단련하는 재료를 얻는 것이다. 양(陽)은 주동적이고 화(火)가 주이다.

단전의 원양(元陽)이 개개인의 역량(분수)에 맞게 쌓인 후에는 저마다 화기(火氣)를 형성하여 통제를 받지 않게 된다. 따라서 후천 기(後天 氣)를 들이쉬게 할 때, 화후(火候)를 삼가고 조절해야만 위태로움이 생겨나는 것을 피할 수 있는 것이다.

② 호흡토납의 요령과 단전에 이르는 氣의 통로 형성

토납은 '토고납신(吐古納新: 오래된 것을 뱉고 새것을 넣는다)'의 뜻이다. 호흡토납 방식에는 자연호흡법이 있으며 흉식호흡법과 복식호흡법 등 각양각색이다. 복식호흡은 또 흡기철복(吸氣凸腹)의 순호흡 및 흡기요복(吸氣凹腹)의 역호흡으로 나뉜다. 호흡토납의 목적은 '기가 단전에 이르게 하는 것'이다. 이 목적을 달성하기 위해 기를 흡수할 때 에너지 또한 단전에 들어차 아랫배가 자연스럽게 튀어나오게 되는데 이것이야말로 정확한 호흡토납 방법이다. 흉식호흡을 선택하면 기는 결코 단전에 이를 수 없다. 그리고 역호흡법을 처음 연습하면 비록 느낌은 비교적 빠르고 강하게 올지는 모르지만 이것은 단전 전후와 음양 혈도의 전기 에너지가 서로 맞닿으며 생겨나는 반응이라 일종의 지름길을 질러가는 것일 뿐 '기가 단전에 이른다'는 목표에는 미치지 못한다. 따라서 기를 연마하는 가장 좋은 방법은 정통 공부법을 따르는 것이다.

호흡토납법을 연습할 때 일반적으로 "눈은 코를 보고 코는 마음을 보고 마음은 단전을 본다"라고 가르친다. 연공 초기에 공기 중의 원양을 단전에 들여오는 길을 찾기 힘들기 때문이다. 임맥 위에 한 포인트를 정하고 눈은 코를 보고, 코는 마음을 보고, 마음은 단전을 보는 것이다. 이 눈, 코, 단전이 바로 그 포인트이다. '보는 것'은 마음을 쓰는 것(用心)이고, 마음으로써 순서대로 이 포인트들을 보기 때문에, 시간이 지나면 임맥상에 한 줄이 꿰어져 기가 습관적으로 통하는 통로로 변한다.

오랫동안 호흡토납법을 연습한 사람은 신체의 앞부분에 홍분대가 형성되는 것을 느낀다고 한다. 이 홍분대는 위에서 아래 단전으로 통하는 기의 통로가 되고, 이 홍분대의 전위(電位)는 다른 부위 피부의 전위보다 높다. 그 이유는 이 통로로 기가 지나가면서 부근의 세포가 끊임없이 충전되기 때문이다. 게다가 같은 신경회로를 중복하여 사용하여 회로 중의 세포가 더 강하게 결합하게 된다.

다시 말하면, 연습 초기에는 기가 단전으로 통하는 길을 인식하지 못하기 때문에 마음을 길잡이 삼아 기를 내려보내야 한다. 또 기가 따라오지 못할 정도로 마음이 빨리 가서는 안 된다. 기가 길에 익숙해진 후에 속도를 점차적으로 올려서 마음과 호흡이 서로 의지하는 정도가 되면 평상시의 속도로 호흡을 하고, 마음으로 기를 이끌지 않아도 기는 길을 찾아서 단전으로 들어간다. 마음은 神으로서 생명 존재의 핵심이고 후천적인 기를 관리한다. 도가의 관점에서는 마음은 음신(陰神)이고, 음은 양을 빨아들일 수 있으므로, 마음은 후천적 기의 원양(元陽: 최고의 양)을 인체 내에 들여오게 할 수 있다.

③ 마음의 불(心火), 무화(武火)와 문화(文火), 선천 炁, 후천 氣

마음(心)은 불에 속하므로 마음이 집중되는 곳에는 모두 화력이 닿는다. 예컨대 마음을 정리하여 손바닥에 집중하면 얼마 지나지 않아 손바닥이 붉어지고 열이 나며 마비되고 심지어 튀어 오른다. 마음이 오면 불도 같이 오기 때문이다. 기수련 초기의 기본 원리는 마음으로 구동하여 에너지를 발휘하는 것이다.

마음의 불은 문화와 무화로 나뉜다. 『금선증론』에 따르면, "조금 풀어지는 것이 문화이고, 많이 긴장되는 것이 무화이다". 『악육당어록』에 따르면 "문화와 무화는 뜻이 있느냐 없느냐로 구분할 수 있다". 마음을 집중하면 화기가 아주 강해진다. 만약 있는 듯 없는 듯 지키면 화기는 비교적 온화해진다. 기수련에서는 반드시 필요에 의하여 불을 조정해야 한다. 마음을 너무 집중하면 불이 넘치고 마음을 너무 놓으면 불이 식는다. 기본적으로, 기의 정수를 수련할 때 마음을 쓰고, 마음을 쓰는 것은 바로 무화이다. 기의 정수를 수련할 때 뜻을 쓰고, 뜻을 쓰는 것은 바로 문화이다. 진지하게 분석해 보면 마음을 써야 불이 있고, 뜻을 쓰면 불이 없다. 뜻을 쓸 때 운용하는 것은 자석 에너지이다. 쉽게 말하면, 무화는 불이고 문화는 불이 아니다.

호흡토납이 체외의 공기를 단전으로 흡입시켜 기를 연마하는 것이니, 기를 호흡하여 단전에 이르게 한 뒤에는 먼저 그것을 정으로 만들고, 정이 족한 이후에는 다시 그것을 선천기(旡)로 만들며 다시 진일보하여 선천기를 신으로 완성시켜서, 신은 최후에 하늘과 상응하여 우주 본체로 돌아가니 또한 허로 돌아간다고 하는 것이다. 수련의 정확한 과정은 재료 성분의 변화가 '후천 기(氣) → 정(精) → 선천 기(炁) → 신(神)'으로 되는 것이다.

④ 어떻게 기를 단전까지 흡입할 것인가?

호흡(토고납신)의 목적은 공기 중의 원양(元陽)을 단전까지 끌어가기 위한 것이다. 우리는 우선 '눈으로 코를 보고 코로 마음을 보고 마음으로 단전을 보는' 방법으로 기의 운행 노선을 갖추게 되고 마음으로써 기를 단전에 이르게끔 한다. 일반인이 토고납신 호흡 후 일정한 시간이 지나면 이마와 코 부근이 무겁고 저리고 간지러움을 느끼게 된다.

기가 코로 흡입되어 우선 비강에 들어오면 비강의 점막과 융모가 전달 작용을 하게 되고, 우리가 마음을 다해 그것을 느낄 때면, 비강은 공기 중의 에너지를 흡입하는 것을 격발하게 된다. 우리가 숲이나 호숫가와 같은 공기가 신선한 곳에서 마음을 다해 비강으로 심호흡을 하면 정신을 차리게 되고 머리가 맑아지는 효과가 발생하게 되는 것은 이런 까닭이다. 비강은 이마 부근에 있는데 숨을 들이쉬고 내쉬는 동안 이마 및 코 부근에 우선 먼저 기감(氣感)이 있게 된다. 그러므로 숨을 들이쉬고 내쉬는 연습을 하는 동안 마음을 다해 비강으로 흡입된 공기를 느껴야 한다.

그런데 기는 이마, 코 부근에 머물고 입에 이르러서는 더 이상 내려가지 않게 된다. 입의 내부는 위아래로 나누어져 있기 때문에 기가 입에까지 이르게 되면 그 경로가 절단된다. 이때 기가 통과할 수 있도록 반드시 다리를 놓아 주어야 한다. 즉, 혀를 안쪽으로 조금 수축시킴으로써 혀가 상악의 천지혈 오목한 부위에 놓이게 하여 기가 그 길로 임 · 독 양맥을 통하게 한다.

연기화정(練氣化精)의 방법은 동정겸수(動靜兼修)이다. 도인(導引)으로 시작하여 호흡을 배합한다. 만일 매일 연기화정 공부를 하면 3개월 뒤에는 단전(丹田) 안에 기단(氣團)이 형성되고, 곧바로 연기(練氣)와 정좌(靜坐)를 겸할 수 있다. 導引은 정기(精氣)가 유통 · 산포되게 하고, 정좌는 정기가 모여 전화(轉化)되게 한다. 100일 동안의 기반

축조가 경과된 뒤에는 들이마신 기운(吸氣)이 단전의 노선에 들어가 이미 자리 잡고, 온몸(身上)의 기맥도 잇따라 점점 기를 돌릴(行氣) 수 있게 된다. 이때 정좌(靜坐)로써 氣를 보존하고, 導引으로써 氣를 운행시키면 비로소 동정이 배합하여 정확한 연습기공방법이 된 것이다.

연기화정(練氣化精)에는 어떤 징후가 있는가? 『약육당어록』에서 말하길 "수도하는 자는 반드시 좌선할 때에 자신의 호흡을 조절하여 자연에 맞춰 들숨 날숨이 빠르지도 않고 느리지도 않게 하는데, 이러한 조식(調息: 호흡)이 비록 평소의 숨쉬기이지만, 그 자체에 참된 화(火)가 있다. 이러한 한 차례의 팽련(烹煉: 불로 찜)과 같은 수련 후에 어떤 형태의 정기가 생기는데, 홀연히 변화하여 원정(元精)이 된다. 단전에 구름이나 안개가 자욱해진 것과 같은 것이 생기는 현상이 바로 정(精)으로 변화한 징후이다."라고 했다. 이 의미는, 반드시 오랜 시간의 호흡 수련을 한 후에 곧바로 단전에 어떤 물질이 생기는 것을 느끼게 되기에 이르는데, 심지어 동할 때와 밀고 당기는 이때의 현상이 바로 화정(化精)이라는 것이다.

⑤ **연정화기(練精化炁)**

어떻게 정(精)에서 기(炁: 선천 기)를 얻을 수 있는가? 이는 연기(練氣) 과정 중에 하나의 큰 관문이다. 이 막힌 관문을 뛰어넘어야 비로소 진정 기공의 핵심에 닿을 수 있다. 여기에서 '炁' 자를 다시 한번 생각해 보자. 보통 호흡토납(呼吸吐納)으로 氣를 단전에 도달시키면 발열(發熱)이 상화(上化)할 수 있다. 氣 글자는 气와 米의 합이다. 氣는 공기와 영양의 결합으로 생산된 것으로 표시된다. 일정한 단련 기간이 경과하면 氣 중의 화기(火氣)가 보이지 않게 된다. 그래서 옛사람이 그것을 '炁'라고 지칭하게 되었다.

수도가는 매일 최소 거의 두 시간의 정좌(靜坐)를 필요로 한다. 진입하는 단계에는 '소정(小靜) 1일, 중정(中靜) 3일, 대정(大靜) 7일'이 있다. 폐관(閉關)은 심지어 수개월, 수년의 장시간이 되기도 하는데, 만일 화기(火氣)의 기(氣)를 사용하고 함유하고 있다면, 불을 끌어와 몸을 태우는 것이니 어떤 것을 어찌 얻을 수 있겠는가? 당연히 무화(無火)의 기(氣)를 사용하는 것이 필요하다.

정(精)은 어떠한 상황에서 모이고 변화하여 기(炁)를 이루는가? 황원길이 『악육당어록(樂育堂語錄)』에서 "단전에 있는 원정(元精)이 호흡 신화(神火)로 불태워지는 것이 오래되면, 화력이 도달한 시점에 변화가 생기고, 신묘(神妙)가 나타나게 된다."라고 말했다. 장시간 훈련하면 단전의 원정(元精)이 화후(火候)에 도달하고, 곧 '神妙가 나타남'을 알 수 있고 元精이 炁로 변화한다는 것이다.

황원길은 또 말하기를 "神을 주재(主宰)로 하여 내쉬는 숨을 멈추면 오래지 않아 그 단전에 문득 한 가닥의 인온(氤氳)한 氣가 있다. 왕성한 氣는 아래의 元을 따라 솟아나고, 점진적으로 신체에 이르러, 비로소 있는 것 같기고 하고 없는 것 같기도 하다. 오래되면 호연(浩然)한 氣로 펴지고 지극히 크고 지극히 강해져서 천지지간에 충만해지는 상태에 도달한다. 이것이 곧 精이 炁로 화하는 때이다."라고 했다.

위의 두 언급에서 알 수 있듯이, 원정(元精)이 생긴 이후에 그것을 단전에서 지키고 호흡의 팽연(烹煉)을 가하면 오랜 시간이 지나서 모이고 생산된 炁가 드러난다. 炁의 생산은 無에서 有로, 小에서 大로 이르는 것이다. 修道家들은 이 과정을 '연광성금(煉礦成金)'이라 했다. 또한 이것은 사람이 호흡하는 모든 기 중에서 한 점의 진기(眞氣)가 연마되어 발생하게 됨을 말한다. 예를 들면, 붉은 풍로의 불을 사용해서 광석(鑛石)을 연마하여 진금(眞金)이 나오게 하는 것과 같다.

우리들이 기를 들이마셔 단전으로 보내서 누적 · 단련하면 원양(元陽)이 모여 하나의 에너지단이 형성되고, 중단됨 없이 중심(단전)을 향하여 마음을 집중하고 밀도를 높여 이 에너지단을 유지하면, 그것은 곧 분자 사이에서 상호 격탕(擊盪: 심하게 뒤흔들림)과 생산 변화를 시작한다. 동시에 복부와 등 뒤의 팽창과 수축을 거치며, 앞의 음과 뒤의 양의 혈도가 한 번 열리고 한 번 닫혀 상호 흡수하고 상호 배척하며, 에너지단이 점차 나타나서 선와선전(旋渦 旋轉: 소용돌이치듯 빙빙 돌다)하면서 자장이 생산된다. 이것은 곧 精을 연마하여 기화(炁化)하는 기본 원리이다.

최초 진행 단계인 연기화정(練氣化精)에서는 우리들이 마땅히 마음(心)을 사용하여 후천기인 원양(元陽)을 지휘함으로써 단전으로 들여보낸다. 하지만 연정화기(練精化炁) 단계에 들어가면 마음을 사용할 수 없다. 마음(心)을 사용하면 화기(火氣)를 옮겨서 왕성하게 만들 수 있다. 기(炁)의 뜻은 이미 화(火)가 없는 상태이다. 마음(心)은 화(火)를 품고 있기 때문에 복기(復炁)는 심을 사용해서는 안 되고, 반드시 의(意)를 사용해야 한다. 바꾸어 말하면 심(心)은 기(炁)의 의식주재가 아니다.

여기에 하나의 중요한 관념이 드러난다. 즉, 기(氣)·정(精)·기(炁)·신(神)이라는 각 종류의 에너지 사이에는 하나의 '장벽'이 있어서 각각 다른 에너지들에 대한 지휘가 필요하면 반드시 그에 맞게 의식 전환을 해야만 비로소 에너지와 에너지 사이의 장벽을 뛰어넘을 수 있다. 후천 기와 선천 기의 에너지 층위는 같지 않기 때문에 그것들을 주재(主宰)하기 위한 의식(意識)은 각각 다르게 채용해야 한다. 그래서 기(炁)를 단련할 때는 반드시 의(意)를 사용해야 한다.

도가적 연기공식으로 말하면, 재료가 변화하는 단계(층위)는 '氣 → 精 → 炁 → 神'이지만 각각 이들을 주재하는 의식은 심(心) → 의(意) → 성(性)이다. 전체 단련 과정은 오직 '練氣化精 → 練精化炁 → 練炁化神'의 세 단계이기 때문에 이에 따른 주재(主宰)의식도 세 가지이다. 마지막으로 연신환허(練神還虛) 단계에 이르면, 이미 순수한 신식(信息)의 경지에까지 진입한 것이다.

연기수도에서는 화후(火候)를 제어하는 것이 대단히 중요하다. 같은 재료를 가지고 한 가지 방법으로 조리한 것처럼 색(色)·향(香)·미(味)를 한 접시로 모아서 볶아 내는 것은 전적으로 화후 조절에 달려 있다. 옛말에 "성인도 약은 전수해도 화후는 전수할 수 없다"라고 했다. 화후는 모두 열여덟 가지로 나뉘어 있다. 상당히 복잡해서 수도가들은 화후를 다스리는 심법을 최고 기밀로 여긴다. 구두로 친히 전수하고, 외부인에게 함부로 누설하지 않는다.

간단한 화후 운용법이라면, 『성명규지(性命圭旨)』에서 말하는 원칙을 들 수 있다. "염(念)이 일어나지 않게 하라, 염이 일어나면 화가 타오른다. 의(意)가 흩어지지 않게 하라, 의가 흩어지면 화가 식는다." 이때 정좌하여 한 가지 염도 일어나지 않고, 한 점의 의도 흩어지지 않게 할 필요가 있는데, 호흡을 부드럽고 느리게, 가늘고 길게 해야 한다. 노자가 말하는 "면면약존(綿綿若存)"[16]이 바

16 谷神不死 是謂玄牝 玄牝之門 是謂天地根 綿綿若存 用之不勤(곡신은 죽

로 이것이다.

정(精)을 오랫동안 수(守)하면 기(炁)로 변하는 이유는 무엇일까? 많은 음양 입자를 한데 모아 약한 불로 오랫동안 온양하면 음양 입자가 내부에서 서로 교접하여 변화가 발생한다. 관원혈은 음에 속하며, 이에 대응하는 혈도는 그 배후가 양에 속하는 진기혈(眞炁穴)이다. 음 · 양 두 혈도는 서로 흡수하면서도 배척하여 자장을 형성한다. 『성명규지(性命圭旨)』에는 "기혈을 응집하여 고정시키려면 늘 빛을 반사하여 내부를 비춰 주며 떨어지지 않게 함으로써 자연히 회전하게 된다."라고 되어 있다.

의수(意守)를 오래하다 보면 단전이 관원혈을 중심으로 회전하기 시작하며, 마치 모터가 음양 양극의 회전으로 전기를 발전시키는 원리와 같다. 시간이 흐르면서 氣는 점차 자장에 속하는 炁로 변한다. 이것을 기해운전(氣海運轉)이라고 부른다. 계속 회전하며 중묘지문(衆妙之門)에 이르게 되고, 기해(氣海)가 오랫동안 회전하면서 기(炁)를 얻을 수 있게 된다.

지 않으니 이를 일컬어 현묘한 암컷이라 한다. 현묘한 암컷의 문을 일컬어 천지의 뿌리라 한다. 이어지고 이어져서 항상 존재하는 것 같으니 아무리 써도 힘겹지 않다.)(『도덕경』 6장)

⑥ 연기화신(練炁化神)

'연기화신(練炁化神)'과 관련하여, 우선 '神'이 무엇인지, 그 성질과 기능은 어떠한지를 이해해야 한다. '練炁化神'의 의미 맥락은 이어지는 최종 단계인 '연신환허(練神還虛)'에 닿아 있기 때문이다. '환허(還虛)' 이 두 글자는 '神'이 우리 신체로부터 이탈하여 허공으로 진입하여, 우주본체(宇宙 本體)로 돌아갈 수 있다는 것을 표시한다. 즉, 우리가 체내의 에너지를 단련시켜 神으로 변화시킨 이후에, 神은 우리 신체로부터 떨어져 나가 자유롭게 행동하게 된다는 것이다.

『주역』「계사전 상(繫辭傳 上)」에 "음(陰)인지 양(陽)인지 헤아릴 수 없는 것을 神이라 이른다(陰陽不測之謂神)."라고 했다. 神은 이미 陰陽이 구속할 수 있는 것이 아니다. 『성명법결명지(性命法訣明指)』에는 "순양(純陽)의 神은 지혜를 낳을 수 있으며, 저절로 6통(六通)의 체험이 있게 마련이다(純陽之神能生慧, 自有六通之驗矣)."라고 했다. 기공수련(氣功修練)이 순양(純陽)의 단계에 이르면 각종 신통(神通)한 일이 나타난다. 그 능력은 이미 인류의 경험범위를 초월하게 된다.

神은 神通하므로 지구 인력과 공간거리 등의 구속을 받지 않으며, 심지어 수명(壽命) 역시 제한받지 아니한다. 인류의 신체는 3차원 공간의 물질계에 속해 있으며, 물질의 기본 구조는 陰陽의 결합인데, 神은 이미 물질계에서 벗어났다고 할 수 있다. 그것은 즉 陰陽의 구조체가 아니라, 고대 修道家들이 말하는 순양(純陽)의 기(氣)이다. 이는 이른바 '선천일기(先天一氣)'이며, 道家에서는 '황아(黃芽)'라고 이른다.

神은 즉 3차원 공간의 제한을 받지 않으며, 그 운동 방식은 인류가 가히 상상할 수가 없다. 神의 특이한 能力은 다른 차원 공간의 운동 방식이며, 이것은 바로 修道家들이 일컫는 '妙'이다. 老子의 『도덕경』에 "마음이 움직일 때는 사물의 구별상을 보지만, 마음이 움직이지 않을 때에는 만물의 오묘한 진리를 본다(常有欲, 以觀其竅, 常無欲, 以觀其妙)."라고 했다. 유욕(有欲)은 마음(心意)이며, 마음은 음양(陰陽)에서 벗어나지 못한 것이다. 이것이 구별상을 지켜 온 까닭이다.

하지만 오묘한 경지를 보고자 한다면 모름지기 마음(心

意) 쓰기를 멈추어야 무욕(無欲)이 되며, 더욱 고차원적인 의식단계에 들어갈 수 있다. 호흡 역시 陰陽에 관련되어 있으며 神의 범위에 들어가 있기 때문에 역시 열린 호흡법을 버리고 태식법(胎息法)에 진입하는 것이 필요하다. 종합하여 말하자면, 神의 단계에서는 생명이 완전하여 선천적 에너지나 신식(信息)으로 말미암아 움직일 수 있는 것이다.

연기화정(練氣化精)의 단계에서는 심(心)으로써 기(氣)를 주재한다. 연정화기(練精化炁)의 단계에서는 의(意)로써 기(炁)를 주재한다. 거듭하여 수련을 하게 되면 氣는 한 걸음씩 높은 단계로 올라가고, 일을 하는 의식(意識)의 주재 역시 상대적으로 하나씩 개변(改變)되어 연기화신(練炁化神)의 단계에 이르고, 이제는 心을 쓸 수 없고, 意를 쓸 수도 없다. 心과 意는 전부 열려 있지만 이 역시 완전한 입정(入定)을 요하고, 공무(空無)한 경계에 진입하여, 이 때의 의식(意識)은 바로 성(性)이 주재하는 것이다.

『손불이원군법어(孫不二元君法語)』에서는 태식시(胎息詩)에 "기복통삼도(炁復通三島: 기가 상 · 중 · 하 三丹田을 통한다), 신망합태허(神忘合太虛: 신은 잊음 속에 태허에 합한다)"

라고 했는데, 이 구절은 炁를 수련할 때 상·중·하 각 층의 丹田 속에 수련해야 하며, 神의 범위에 들어가려면 전부 잊어버려야 함을 말한다. 意識과 에너지 모두가 육체로부터 이탈하여야 비로소 우주 본체(宇宙 本體)에 진입할 수 있다. 이 때문에 이 이후로 일을 하는 주재는 당연히 성(性)이며, 입정(入定), 좌망(坐忘)은 즉 성(性)이 담당하는 것이다.

성(性)은 先天에 속하는데, 유가(儒家)의 존심양성(存心養性), 불가(佛家)의 명심견성(明心見性), 도가(道家)의 수심련성(修心練性)의 성(性)이 그것이다. 心으로부터 性으로 들어가면, 즉 後天으로 말미암아 先天으로 돌아가면, 평범한 사람이 성선(成仙)하기도 성불(成佛)하기도 한다. 神仙 역시 인선(仁仙), 지선(地仙), 천선(天仙), 대라금선(大羅金仙) 등 여러 등급이 있다. 옛 기록에 근거하면, 자고이래로 수도가·수선가(修道家·禪修家)들이 成仙·成佛한 예가 적지 아니하다.

⑦ 후천(後天)에서 선천(先天)으로 되돌아가는 길

修道의 목적은 後天으로부터 先天으로 돌아가는 데 있

다. 이 목표에 도달하기 위한 가장 실제적이고 직접적인 방법은 바로 원래 '先天이 後天으로 전환하는(先天轉後天)' 입구를 찾아내는 것이다. 先天이 後天으로 전환하는 입구는 어디에 있는가? 아버지의 정자와 어머니의 난자가 결합한 후에 어머니의 태반 속에서 가장 먼저 형성되는 것은 배꼽이며, 배꼽은 바로 인간 身體의 원생점(原生點)으로 또한 先天이 後天으로 돌아 들어가는 입구이다. 어디로부터 와서 어디로 돌아갈 것인가? 이것이 바로 배꼽이며, 後天으로부터 先天으로 돌아가는 길이기도 하다. '炁'는 先天의 기로서, 몸을 수련하여 先天의 기가 나오게 된 후에 우주(宇宙) 가운데에 있는 같은 종류의 에너지의 파장과 함께 진동하고 상응하여 先天으로 돌아가는 길을 찾을 수 있는 것이다.

연기수도(練氣修道)에서는 그다음 공부(次第工夫)와 승급(升階)을 터득해야 한다. 연기화신(練炁化神)의 단계에 들어가려면 반드시 '이로환정(移爐換鼎)'하여야 한다. 이는 명(命)을 수련하는 큰 터전인 단전(丹田)을 떠나야 하며, (신체의) 위치를 바꾸어 수련해야 한다는 것이다. 연명(練命)과 연성(練性)을 수련하는 장소가 다르기 때문이다. 이련 새로운 장소는 어디인가? 道家 선배들이 말하기를 "앞쪽의 배꼽과 뒤쪽의 신장(腎臟) 중간에 진금정(眞金鼎)이 있다"라고 했는데, 이곳이 신기(神炁)를 단련하기 위한 곳이 되는 것이다.

『악육당어록(樂育堂語錄)』에서는 다음과 같이 말했다.

- 오로지 이궁(離宮)과 음정(陰精)을 달구어 氣로 변하게 하고, 신장 사이의 동기(動氣)를 잘 지켜 새지 않게 하더라도, 이로환정(移爐換鼎)이 연기화신(煉炁化神) 공부로 향상되는 것을 모른다면, 비록 丹田에 氣가 가득 차서 장생불로 人仙이 될 수 있더라도, 氣가 神으로 돌아가지 않아 神이 氣를 복종시키지 않은 상태이므로, 염려가 한번 일어날 때에는 神이 행하고 氣가 동하므로 여전히 음욕(淫慾)이 동하고 욕심(慾心)이 생기는 것을 면할 수 없다. 그러므로 말하기를 命을 수련하고 性을 수련하지 않으면, 마치 얼굴을 보고자 하나 거울(寶鏡)이 없는 것과 같다.

이 구절의 함의는 다음과 같다. 단전(丹田)은 화로(火爐)가 되고, 태원(胎元)은 정(鼎)이 된다. 우리들은 수련을 해서 丹田에서 精과 炁를 이끌어 낸 후에 장생불로할 수 있는데, 다만 이것은 아직 수명(修命)의 단계에 속할 뿐이다. 만일 우리가 胎元의 수련에 도달하여 精과 炁를 神으로 변화시키지 못한다면, 결국 아직 범심(凡心)과 욕심(慾心)에 좌우될 수 있는 것이다. 따라서 丹田을 떠나서 배꼽으로 돌아가는 수련을 해야만 비로소 연기화신(練炁化神)을 할 수 있는 것이다. 그렇지 않으면 마치 얼굴을 가다듬는 데 거울을 찾지 못하는 것과 같다.

끝으로 유 · 불 · 도의 심성론 및 수양론에 대해 동양사상가 남회근(1918~2012)의 말을 3항의 결론으로 삼아 붙인다. 그는 불가의 이성(理性), 곧 불성이야말로 도(道)의 최고 경지라고 밝히고, 도가의 내단은 불가의 이성을 실현하기 위한 공부로서 신선을 이루는 것은 기(氣)를 기르는 것이 아니라 심(心)으로 성을 기른, 즉 양성(養性)의 결과라는 관점을 보인다.[17]

- 형이상학적으로 본성을 말하는 것은 유가나 도가나 서양 종교나 철학이나 모두 부처님 손바닥을 벗어나지 못합니

17 남회근, 『참동계 강의(상)』, 최일범 옮김, 부키, 2019, 12쪽.

다. 당연히 불학이 최고입니다. 그러나 평범한 범부로부터 한 걸음 한 걸음 초월적인 성인의 경지로 나아가는 단계의 세밀함은 부처님이 도가에 자리를 양보해야 합니다. 더욱이 생리적 · 물리적 공부에서는 도가가 정말 상세하고도 구체적으로 설명할 수 있지요. 학술적으로 공정한 입장에서 인륜의 도리와 국가를 다스리고 세상을 평화롭게 하는 이념을 말하는 것은 불가나 도가 모두 유가에 미치지 못합니다. 그러므로 유 · 불 · 도가에 대해서 이렇게 말합니다. "유가의 품성을 돈독히 하고, 불가의 이성을 참구하고, 도가의 공부를 닦는다(敦儒家的品性, 參佛家的理性, 修道家的工夫)."[18]

18 남회근, 『참동계 강의(하)』, 최일범 옮김, 부키, 2019, 380쪽.

10

퇴계(退溪)·
율곡(栗谷)·
다산(茶山)의 수양론

퇴계의 수양론

정이천에서 주희를 거쳐 퇴계와 율곡에 이르는 성리학자들은 마음(心)에서 본연지성(本然之性)의 우세한 영향력을 인정하여 존심양성(存心養性)의 기법을 강조하였다. 그 기법은 마음을 고요히 진정시키는 존양(存養)과 자신의 감정 및 행위를 되돌아보고 반성하는 성찰(省察)로 이루어진다. 더 구체적인 방법으로 퇴계는 경(敬), 율곡은 성(誠)을 강조했다.

퇴계 이황(退溪 李滉)은 이(理)·기(氣)의 개념을 수양론적으로 더욱 확장하여 조선 성리학의 특색을 확립시킨다. 이황은 理를 근원적 본체로서 기와 차원을 달리한다는 이기 분별적 관점에서 파악한다. 그는 근원으로서의 이가 심성에 구현되어 있다고 보고 심의 지위를 성과 일치시키려고 하면서 본연지성과 기질지성을 각기 다른 것으로 본다. 그것이 '心·性=理'이면서 '心=理+氣'이다. 그리고 이 원리를 설명하는 것이 '사단(四端)은 리지발(理之發)', '칠정(七情)은 기지발(氣之發)'이라는 것이다.

퇴계의 수양법은 敬에 집중되는데, 敬으로써 '理之發'의 원리를 엄수하여 인간의 순수 절대의 마음을 잘 구현해 내자는 주장이다. 퇴계는 기질의 성과 본연의 성이 별개의 차원이며, 敬으로써 본연의 성에 입각해 기질의 성을 검속·제재하는 데 힘써야 한다고 주장했다. 퇴계는 리기지합(理氣之合)으로서의 성(性)·정(情)을 통섭하는 心을 어떻게 주재하는가가 도덕적 이상세계를 실현하는 관건이라고 생각하고 心을 주재하는 방법으로 敬을 채택했다. 퇴계는 敬의 수양을 통해 理를 터득하고 이를 실천에 옮기면 자연히 心과 理가 서로 관통하여 하나가 된다고 믿고, 敬을 중심으로 한 유가 수양 매뉴얼이라고 할 수 있는 『심경(心經)』을 중시했다. 그러나 심을 리와 기로 쪼개어 각기 사단과 칠정으로 나누어 배속하는 데서 기대승(奇大升)과 사단칠정론쟁을 벌이게 된 것이다.

이기호발(理氣互發)[1]을 주장하는 주리론(主理論)자인 퇴계는 마음에서 리(理)에 해당하는 성(性)이 스스로 활성화하여 정(情)이 된다고 생각한다. 그러나 리는 발현 표출되는 힘의 강도가 기(氣)보다 미약하기 때문에 심리적 훈련 없이는 잘 발현되지 않는다. 리의 작용을 강화시키는 과정은 곧 리의 존재에 대한 인식 방법인 궁리(窮理), 주의집중 방법인 거경(居敬) 혹은 존양(存養), 심리 상태에 대한 방성 및 외부로 표출된 정서나 사회행동의 자기 점검인 성찰(省察)이다. 그리고 이들을 한마디로 요약한 말이 경(敬)이다.

율곡의 수양론

기발리승일도설(氣發理乘一途說)을 주장하는 주기론(主氣論)자 율곡은 인간의 심리와 행동에서 기(氣)의 차이 때문에 선악의 차이가 나타난다고 보고, 기발이승일도설의 연장선상에서 기를 중심으로 마음과 행동을 수양할 것을 주장하였다. 율곡은 개인이 마음의 작용으로서 느끼는 정(情)은 기가 작동하는 것으로 보았는데, 기의 작동 여

1 퇴계는 사칠논변에서 四端 理發而氣隨之, 七情 氣發而理乘之를 주장했다.

하에 따라 선하거나 악하게 된다. 따라서 기의 작동 방향을 성(性)에 따라 작동하도록 하는 일이 중요하다. 즉 기가 성에 따라 작동하도록 바로잡는 일이 필요하다. 이를 교기질(嬌氣質)이라 한다. 율곡은 교기질의 방법으로 성(誠)을 제시한다. 특히 율곡은 성(誠)이 마음 상태에서뿐만 아니라 격물치지(格物致知)를 위한 궁리(窮理)에서부터 참되고 실속 있게 힘써 실천하는 무실역행(務實力行)에 이르는 전 과정에서 성실하게 되면 편벽된 기질을 바로잡는 교기질이 이루어진다고 주장한다.

이이(李珥)의 수양론은 주희처럼 動 · 靜 및 未 · 已發을 아우르는 공부법이다. 이이는 인간의 본성이 순선(純善)하지만 그것은 도덕 실현의 가능성일 뿐 그 자체가 그대로 실현되는 것은 아니라고 본다. 이이는 가치의 기준으로서 理는 객관적으로 존재하며 내 마음에 의해 자의적으로 규정되는 것이 아니고 삶의 도리를 통해 드러난다고 보았다. 따라서 미발시에는 거경함양으로써 마음속에 있는 본성이 보전되도록 전일한 마음 상태를 유지하고, 이것이 이발에서 氣에 실려 현실화될 경우 궁리(窮理)로써 그 발현된 理를 객관적 이치와 대조하여 검증해 보고, 이어 역행(力行)을 통해 그 이치를 실현 · 체득해야 한다는 것이다. 이이는 기질의 성을 떠난 본연의 성이 있을 수 없으므로 기질의 순화(矯氣質)가 본연의 성을 확보하는 길이라고 주장했다.

퇴계와 율곡의 수양론은 '기질(氣質)'의 문제를 두고 큰 차이를 보인다. 그 출발은 주자 성리학의 기본 명제인 리기불상리(理氣不相離) · 불상잡(不相雜)의 원칙이다. 퇴계는 '리기불상잡'의 입장에서 사단칠정 및 인심도심을 각각 둘씩으로 이원화해서 리의 능동성을 주장한다. 따라서 수양론에 있어서는 기질과 섞이지 않는 천리의 직접적인 체인을 중시한다. 그러나 理의 '무위(無爲)'를 주장하며 오로지 리는 '기가 발함에 그 위에 타는 것(氣發而理乘之)'일 뿐이라고 주장(氣發一途說)하는 율곡은 理를 안고 있는 기질지성에서 기질을 변화시키는 '교기질(矯氣質)'을 수양법으로 삼았다.

퇴계가 본연지성과 기질지성을 서로 다른 성으로 보고 리지발의 사단과 기지발의 칠정을 서로 다른 정으로 보는 것은 표층논리와 심층논리가 서로 다른 차원의 것임을 강조하기 위함이라고 본다. 반면 율곡은 리기지묘(理

氣之妙)의 관점에서 기질지성 중 미발의 선을 본연지성으로 보고, 칠정 중 의리를 향한 정을 사단으로 간주함으로써, 성이나 정을 두 차원으로 구분하는 것을 비판한다. 퇴계는 표층과 구분되는 심층논리에 주목하고자 한 형이상학자라면, 율곡은 현상적인 표층논리에 충실하고자 한 현실주의적 경험주의자라고 할 수 있다.[2]

다산의 수양론

조선 성리학의 수양론은 조선 말기 다산에서 또 다른 면모를 보인다. 다산은 퇴계의 敬 중심 수양론을 존중하면서 '존심양성'의 의미와 실천과제를 실학적으로 재해석하고 제시한다. 다산은 수양론에서 '신독(愼獨)'과 '서(恕)'를 중시했다. 특히 다산은 성리학자들이 공자의 일이관지(一以貫之)를 윤리적 원리가 아닌 형이상학적 원리로 해석함으로써, 일상생활에서의 행동 방식과는 아무런 상관도 없는 것으로 만들었다고 비판했다. 다산은 일이관지(恕)의 진정한 의미를 오직 인륜의 실천에서 찾고 있다.

2 한자경, 『심층마음의 연구』, 서광사, 2018, 113쪽 각주.

- 우리의 도는 인륜을 벗어나지 않는다. 무릇 인륜에 처한 바는 오교(五敎) 구경(九經)과 같은 것에서 경례삼백(經禮三百) 곡례삼천(曲禮三千)에 이르기까지 모두 하나의 서(恕) 자로써 행하는 것이니, 이는 마치 하나의 줄에 천백 냥의 동전을 꿰는 것과 같아서 이를 일러 일관이라 하는 것이다.[3]

- 恕란 인륜에 대처하는 방법이며 일이관지이므로 恕 한 글자로 종신토록 행할 수 있는 것이다.[4]

여기서 다산은 恕가 곧 인간관계 내에서 타인을 대하는 방법이며, 이는 또한 사람이 나서 종신토록 행해야 하는 실천규범임을 강조하고 있다. 恕가 일관이 될 수 있었던 까닭은 "사람이 이 세상에 나서 종신토록 행하는 것이 모두 사친(事親) · 사군(事君) · 처형제(處兄弟) · 여붕우(與朋友) 등 인륜과 관계된 일"[5]이며, 恕는 이 인륜의 도이기 때문

3 吾道不外乎人倫 凡所以處人倫者 若五敎九經以至 經禮三百曲禮三千 皆行之以一恕字 如以一緡貫千百之錢 此之謂一貫也. (『여유당전서』, 2:2, 19b.)

4 恕者 所以處人倫 一以貫之 故一字而可終身行之. (『여유당전서』, 2:8, 15b.)

5 終身行之 則凡事親事君處兄弟與朋友牧民使衆 一應人與人之相接者. (

이다. 아랫글은 다산이 상제를 섬기는 신독의 공부로부터 시작해서 마지막 서(恕)의 실천에 이르는 전 과정을 단 한 번의 길로 명료하게 설명하고 있다.

- 하늘이 사람의 선악(善惡)을 살피는 방법도 오직 두 사람이 서로 교제하는 때에 그들의 선함과 사특함을 감시하는 것이다. 또한 식욕과 색욕, 편안하고자 하는 욕구를 부여하여, 두 사람이 교제할 때에 그들이 다투는지 사양하는지를 증험하고 부지런한지 게으른지를 살피는 것이다. 이로부터 말한다면 옛 성인이 하늘을 섬기는 학문(事天學)이란 인륜(人倫)을 벗어나지 않는다. 이 하나의 서자(恕字)를 통해 사람을 섬길 수도 있고 하늘을 섬길 수도 있으니 어째서 서를 하찮게 여기겠는가?[6]

다산은 임병양란 이후 민생이 어렵고 사회질서가 문란

『여유당전서』, 2:2, 20a.)

6 天之所以察人之善惡 亦惟是二人相與之際 監其淑慝 而又予之以食色安逸之慾 使於二人之際 驗其爭讓考其勤怠 由是言之 古聖人事天之學 不外乎人倫 卽此一恕字 可以事人 可以事天 何故而小之也 一者恕也. (『논어고금주』)

한 상황에서 유학자들이 실천행위가 결여된 성리학의 학문에서 탈피하지 못한 채 심리수양만 중요시한 것을 비판했다. 즉 다산은 실학자답게 성리학의 수양론이 '수심양성(修心養性)'으로서 마음을 다스리는 방법에만 치중하는 것을 비판했다. "선비가 마당에 널어 둔 곡식이 빗물에 다 떠내려가는데 책만 들여다보고 있다."는 고사가 말해 주듯이 다산은 바쁜 일상에서 아무 일도 하지 않고 경(敬)으로써 말없이 앉아서 조용히 마음을 닦고 기를 수 있는지 문제를 제기한다.

다산은 유학에서 추구하는 자기 수양의 핵심이 힘써서 행함(行事 또는 力行)에 있다고 보기 때문에 행함을 통해서 마음을 다스려야(治心) 한다고 본다. 즉 마음을 다스리는 수양은 수양에 합당한 행위의 실천이 이루어지는 경우에만 수양이라는 이름이 성립된다는 것이다. 그러므로 마음을 기르고자(養性) 하되 마음을 구속하는 행위의 실천이 없이 마음이 닦아질 수(修心) 없다는 것이다.

11

다도(茶道) 수양론

※

다도는 차와 차문화가 활성화되고 그것들에 대한 풍성한 기록이 육우(陸羽)의 『다경』에 담기던 당대(唐代)에 이미 육우와 함께 차를 논했던 문사 봉연(封演)과 시승(詩僧) 교연(皎然)에 의해 수양론적 의미로 자리매김되었다. 봉연은 『봉씨견문기(封氏見聞記)』 6권 「음다(飮茶)」 편에서 "이때에 이르러 다도가 크게 성행하였고, 왕에서 선비에 일기까지 차를 마시지 않는 사람이 없었다."라고 하여 '다도'라는 말을 등장시켰고, 교연은 그의 시 「음다가(飮茶歌)」에서 봉연이 말한 '다도'가 음다(飮茶)에 의한 득도의 경지에 이르는 것임을 표현했다. 즉 '다도'는 '차를 통해 도에 이르는 길'이라고 할 수 있다.

● 「飮茶歌」

一飮滌昏寐 한 모금 마시자 혼미함이 씻겨 나가고 / 再飮淸我神 두 모금 마시자 정신이 맑아지고 / 三飮便得道 세 모금 마시자 문득 도를 터득하니 / 何須苦心破煩惱 번뇌를 없애자 마음 쓸 일이 없네

그렇다면 차의 어떠한 속성이 이처럼 수양의 기능을 수행하는가? 선인들은 다도의 수양론적 기능을 말할 때 기론(氣論)에 입각해서 氣의 질료로서의 매질(媒質) 역할에 주목했다. 초의(草衣)는 명대(明代) 장원(張源)의 『다록(茶錄)』을 베껴 옮기면서 책 이름을 '다록'이라 하지 않고 『다신전(茶神傳)』이라 하였다. 차 속에 들어 있는 우주의 청신한 기운인 다신의 효능을 간파한 것이었다. 또 『동다송(東茶頌)』에서 '다도'를 규명하기를 "採盡其妙 造盡其精 水得其眞 泡得其中 體與神相和 健與靈相倂 至此而茶道盡矣(찻잎 딸 때 찻잎에 든 神氣의 오묘함을 잘 보전하고, 차를 만들 때 찻잎에 든 정기를 잘 보전하고, 찻물은 진수를 골라, 차를 우릴 때 차와 물의 양을 적절히 하면, 몸체인 물과 정신인 차가 조화를 이루어 체의 건건함과 신의 영험함이 함께하니, 이에 이르

면 다도는 다 된 것이다)"라고 했다. 여기 나오는 묘(妙)는 다신(茶神)의 작동성, 정(精)은 찻잎에 든 물질적 정기로서 모두 기(氣)의 고도화에 따른 다른 이름들이다.

한재(寒齋) 이목(李穆)은 『다부(茶賦)』 말미에서 다음과 같이 읊었다.

- 神動氣而入妙 다신이 몸 안의 기를 신으로 작동시키니(入妙), / 樂不圖而自至 즐거움은 꾀하지 않아도 저절로 찾아오네. / 是亦吾心之茶 이게 바로 '마음의 차'라 하는 것이리.

이는 차를 마셨을 때 다신이 몸 안에 들어가 신기(身氣)를 신기(神氣)로 정화하고 고도화하여 득도의 경지(妙境)에 이르게 했다는 말이다. 그렇다면 유 · 불 · 도에서 차(다도)와 수양은 어떤 관계일까?

수양은 '수심양성(修心養性)'의 줄임말로서 원래 유가의 용어이다. '수심양성'은 '마음을 닦아 성을 기른다'는 뜻이니, 때가 낀 마음을 닦아 그 안에 천명(天命)으로써 품부(稟賦)된 선한 본성(本性)을 고양시킨다는 의미이다. 유가사상에서 마음 구조는 '심통성정(心統性情)'이라 하여 마음

(心) 안에 성(性)과 정(情)이 분리돼 들어 있고, 性이 발현되면 情이 된다. 이때 성과 정의 질료는 기(氣)로 설명된다. 즉 性은 氣의 미발(未發)이고 情은 氣의 이발(已發) 상태이다.

유교, 특히 성리학의 수양법은 '미발함양(未發涵養) · 이발성찰(已發省察)'이다. 불가사상에서와 달리 미발의 성을 직접 깨달을 수는 없으니 오직 잠재된 상태에서 훼손되지 않도록 잘 기를 뿐이고, 그 性이 氣로서 발현되어(이발) 情이 되는 순간 양질의 氣로 발현되는지 잘 살피도록 성(誠) · 경(敬)의 노력을 기울이는 것이 유가의 수양이다.

유가사상에 있어서 다도수양의 원리는 유가의 명상법인 정좌(靜坐)에 결부시켜 파악할 수 있다. 정좌에서 '미발함양 – 이발성찰'의 마음으로 차를 마시면 다신이 氣로서 심신에 스며들어 마음의 기가 '미발(性) → 이발(情)'로 발현되는 과정에서 한재 이목이 말했던 '신동기이입묘(神動氣而入妙)'의 원리에 따라 수양의 목표를 달성할 수 있다고 할 수 있다. 이는 또한 추사가 초의에게 써 보낸 시구 '정좌처다반향초(靜坐處茶半香初)/묘용시수류화개(妙用時水流花開)'에서도 그 의미가 파악된다. 즉 '정좌하는 곳에서 차를 반쯤 마시도록 차향이 처음과 다름없이 흡입되어/다신이 성을 정으로 발현시킴에 따라(묘용시) 우주의 기운이 조화롭게 작동됨(자연의 이치)을 깨닫게 된다'는 것이다.

또한 위에 언급한 『동다송』 제60행의 주석 중 '評曰 採盡其妙 造盡其精 水得其眞 泡得其中 體與神相和 健與靈相倂 至此而茶道盡矣(총평하여 말하자면, 찻잎을 딸 때 찻잎에 든 신묘함을 보전하고, 차를 만들 때 차가 지닌 정기를 잘 갈무리하고, 찻물을 잘 골라 얻어, 차를 우릴 때 차와 물의 양을 과부족 없이 하면, 체와 신인 차와 물이 조화를 이루어, 체의 건건합과 신의 영험함이 함께하니, 이에 이르면 다도는 다 된 것이다)'의 구절은 성리학적 다도 수양론으로서, 찻잎을 딸 때부터 차를 우려내기까지에 걸쳐 성리학의 최고 이념인 '성(誠)'을 다도정신으로 표방하고 있는 대목이다.

도가(道家)에 있어서 수양 및 양생(養生)에 관련된 말들은 『장자』에 나오는 심재(心齋), 좌망(坐忘) 오상아(吾喪我), 허실생백(虛室生白) 등이다. 심재는 말 그대로 마음을 다스린다는 의미이고, 좌망 역시 유가의 정좌 명상처럼 명상에 침잠된 가운데 마음에서 온갖 생각을 비운다는 것이다. 오상아는 그렇게 하여 '나(我)라는 자의식마저 버린 나(吾)'이다. 허실생백은 텅 빈 마음에 우주의 청신한 기운인 신(神)이 채워져 우주와 통하는 마음이 된다는 의미이다. 이런 도가의 명상 수양의 기제는 '기의 운동 및 변화'로 설명된다. 명상을 통해 마음을 텅 비운다는 것은 마음을 채우고 있는 탁기(濁氣)를 몰아낸다는 의미이다. 여기서 도가가 이렇게 직접적이고 적극적으로 氣를 수양의 질료로 이용하는 것은 도가가 가장 먼저 기론을 받아들여 철학 사상의 기반인 존재론을 구성했다는 점에서 이해할 수 있다.

불가의 수행과 다도의 관계를 말하자면 우선 '다선일미(茶禪一味)'라는 말을 예로 들 수 있겠다. 불가사상에서 '향(香)'은 '해탈(解脫)'을 상징한다 하여 '해탈향'이라고도 한다. 불가에서 말하는 '다선일미'는 차와 더불어 하는 참선 수행에서 차는 차향으로써 해탈의 길로 인도하고 선 역시 명상을 통해 해탈의 길에 들게 하니 차와 선이 같다는 의미이다.

한편, 불가사상에 있어서 다도에 의한 수행의 의미는 다도에서 수행의 매체로 기능하는 氣의 정체와 불가사상의 기 관념을 연계시켜 이해할 수도 있다. 앞에서 살펴본 바와 같이 불가사상에 있어서는 중국 위진남북조 시기에 불교(중국불교)가 크게 발전하면서 불교학자들이 삼교 간의 논쟁과 융합 과정에서 氣 범주를 흡수하여 기론화(氣論化)의 문을 열었다. 또 남조 시대에 발생한 신불멸론과 신멸론의 논쟁에서는 기론의 '정(精) → 기(氣) → 신(神)' 원리[1] 가 채택되었다.

혜원(慧遠, 334~416)은 "'神'이란 무엇인가? 精이 지극해져서 영(靈)이 된 것"이라고 하여 氣論의 입장을 취했고, 혜사(慧思, 515~577)는 『제법무쟁삼매법문(諸法無諍三昧法門)』에서 사념처관(四念處觀)을 논하면서 관상(觀想)과 관련된 참선법으로 기식(氣息)을 언급했다. 여기서 기식은 불교에서 참선 수련 때 선정에 들어가는 기공으로 도교 내단수련의 행기태식법(行氣胎息法)과 비슷한 것이다. 이때 氣는 이미 '氣息'의 함의로써 불교 사상 안으로 융합되어 들어왔음을 알 수 있다.

1 기(氣)는 가장 낮은 정(精)의 단계(물질)에서 기(氣)의 단계(물질과 정신의 중간 단계)에서 파동에너지인 신(神)의 단계로 고도화된다. 단계 상승의 동인은 자연상태에서는 자연 스스로의 조절 기능이고, 수양(수행)이나 내단수련의 경우에는 '행기(行氣)' 등 인위적 노력이다.

혜원은 '삼매(三昧)'를 논하면서 "…생각을 고요히 한다 함은 氣를 비우고 신(神)을 밝게 한다는 것이다. 氣가 텅 비면 지혜가 그 빛으로 가득하고 神이 밝으면 어떤 어두운 것도 다 뚫어 본다. … 그러므로 마음을 안정되고 공경스럽게 하여 사물에 감응하여 신령스러움에 통하고 마음을 제어하여 바르게 하면 움직임이 반드시 은미한 데로 들어간다."[2] 고 하였다. 氣가 텅 비고 神이 밝은 것은 관조(觀照)의 방법으로서 『장자』에 나오는 '허실생백(虛室生白)'의 원리와 같은 것이다.

여기서 불교의 氣 개념은 도가사상의 氣 개념과 교류하면서 종교적 차원으로 의미가 확장돼 가고 있음을 알 수 있다. 즉, 氣가 불교 참선 수행에서 입정의 매질(媒質)로 기능하게 된 것이다. 여기서 '다선일미(茶禪一味)'는 또 다른 해석을 얻게 된다. 즉 참선에 임할 때 차를 마시면 차에 들어 있는 우주의 파동에너지인 다신(茶神)의 기능으로 인해 입정(入定)과 관조(觀照)를 한층 원활하게 해 주기에, '다선일미'는 곧 '차를 마시는 것이 선을 하는 것'이라는 의미가 되는 것이다.

2 『廣弘明集』 권30.

이상 살펴본 바와 같이 동양사상 유(儒) · 도(道) · 불(佛)은 '기(氣)'라는 공통적 매질(媒質)위에 각각 층위를 달리하는 '도' 개념을 갖고 그에 부응하는 수양론을 함장(含藏)하고 있다. 유가의 도는 현실의 원만한 운영(經世)을 위한 '인간의 길'이고, 도가의 도는 현실과 인간세의 고달픔을 벗어나기 위해 가는 '자연의 길'이고, 불가의 도는 '인간세와 자연'이라는 세간(世間)에서 해결 불가능한 정신적 근원의 문제를 해결하기 위해 가는 '출세간 초월의 길'이다. 그런데 수양의 주체인 인간에게는 이 세 개의 길이 보완적으로 모두 필요하다. 즉, 인간세 · 자연 · 초자연을 관통하는 '인간세 → 자연 → 초자연'의 층위 상승적 유 · 도 · 불가의 다도수양이 다 필요한 이유이다. 이때 차를 마시는 일로써 수행되는 다도 수양은 차의 도움으로 일상적인 수양을 좀 더 수월하게 해 준다. 그리고 그 요인은 차가 우주의 역동적 생명력으로서 정신한 기운인 '다신(茶神)'을 우리 심신에 이입시켜 주기 때문이다. 다도 수양의 이런 과정을 한 마디로 말하자면 기를 매개로 한 인간의 완전한 자연화(自然化), 즉 인간과 자연의 합일(合一)이라고 할 수 있겠다.